Lilo Schmitz – Birgit Billen

Mitarbeitergespräche

- lösungsorientiert
- klar
- konsequent

NewBusinessLine

UEBERREUTER

Die Deutsche Bibliothek – CIP-Einheitsaufnahme

Schmitz, Lilo:
Mitarbeitergespräche : lösungsorientiert, klar, konsequent /
Lilo Schmitz/Birgit Billen. –
Wien/Frankfurt : Wirtschaftsverlag Ueberreuter, 2000
(New Business Line)
ISBN 3-7064-0688-8

S 0578 1 2 3 / 2002 2001 2000

Technische Redaktion: Dr. Andreas Zeiner
Umschlag: Init, Bielefeld
Illustrationen: Josef Koo

Printed in Hungary

Inhalt

Vorwort ... 5
Einleitung ... 6

Lösungsorientierte Mitarbeiterführung ... 7
Mitarbeiterinnen und Mitarbeiter als wichtigste Ressource ... 8
Die Führungskraft als »Fels in der Brandung« ... 10
Seien Sie klar! ... 11
Seien Sie respektvoll und freundlich! ... 13
Seien Sie konsequent! ... 14
Geben Sie Spielraum und Wahlmöglichkeiten! ... 15
Seien Sie entspannt! ... 16
Seien Sie fair! ... 17

Gesprächsführung nach dem lösungsorientierten Ansatz ... 19
Kompetenz- und Lösungsorientierung im Mitarbeitergespräch ... 20
Kompetenz herbeireden – lösungsorientierte Lerntheorie ... 21
Führen Sie eine Kompetenzkartei! ... 22
Pflegen Sie angemessenes Lob! ... 24
Stellen Sie kompetenzorientierte Fragen! ... 25

Weitere Grundregeln im Mitarbeitergespräch ... 27
Grundhaltungen im Gespräch ... 28
Vorbereitung und rechtliche Klärung ... 29
Rahmen und Zeitrahmen ... 30

Die Mitarbcitergespräche von A bis Z ... 31
Abmahnung ... 32
Alkohol und Drogen ... 34
Ausbildungsbegleitung ... 36
Ablehnung einer Beförderung ... 39
Beförderungsgespräch ... 41
Beurteilungsgespräch ... 43
Delegationsgespräch ... 46
Einarbeitungsgespräch ... 48
Einstellungsgespräch ... 50
Familiengespräch ... 52
Feedbackgespräch ... 54
Fehlzeitengespräch ... 56
Förderungsgespräch ... 58
Fortbildungsgespräch ... 60
Gehaltsgespräch ... 62

Jahres-Mitarbeitergespräch 65
Jahresrückblick im Team 67
Jubiläum 69
Konflikte zwischen Mitarbeitern I – ein Mitarbeiter beschwert sich 71
Konflikte zwischen Mitarbeitern II – Gespräch mit der zweiten Konfliktpartei 73
Konflikte zwischen Mitarbeitern III – Gespräch mit beiden Konfliktparteien 75
Kritikgespräch 78
Kritikgespräch mit kaum kündbaren Mitarbeitern 80
Kündigung durch den Mitarbeiter 82
Kündigung wegen Personalabbau 84
Kündigung wegen Unzufriedenheit mit dem Mitarbeiter 86
Mitarbeiterbefragung 88
Gespräch mit der Mitarbeitervertretung 90
Pensionierung 92
Probezeitgespräch 94
Rückkehrgespräch 97
Stellenbeschreibung 99
Stellenbeschreibung im Team 101
Unangenehme Entscheidungen von oben 103
Versetzungsgespräch 106
Vertretung von Kollegen 108
Zielvereinbarungsgespräch 110

Vorwort

Dieses Buch verdankt sich unserer Ausbildungs-, Trainings- und Beratungspraxis. Herzlichen Dank an die Teilnehmerinnen und Teilnehmer unserer Führungstrainings, die lösungsorientierte Ideen in ihre Unternehmen und Organisationen tragen und uns mit guter Laune, mit Einfällen und Anregungen bereichern.

Sie machen unseren Berufsalltag spannend und lehrreich.

Wir danken auch Insoo Kim Berg, Steve de Shazer, ihren Mitarbeiterinnen und Mitarbeitern aus Milwaukee und allen Kolleginnen und Kollegen, die den lösungsorientierten Ansatz ständig weiterentwickeln und lebendig halten.

Sie tragen dazu bei, unsere tägliche Trainings- und Beratungsarbeit leicht und optimistisch zu gestalten.

Wir wünschen uns, dass dieser Band Führungspraxis und Führungsalltag leichter und klarer macht und dazu beiträgt, menschliche Arbeit nützlicher und Menschen und Unternehmen gemeinsam erfolgreicher zu machen.

Einleitung

Mitarbeitergespräche gehören zum beruflichen Alltag jeder Führungskraft. Handbücher und Trainings dazu geben gute und klassische Orientierungshilfen.

Dieses Praxisbuch wählt dazu einen völlig neuen Ansatz:

Nicht Probleme und Defizite, sondern Stärken, Entwicklungspotenzial, Chancen und Möglichkeiten der Mitarbeiterinnen und Mitarbeiter und des Unternehmens stehen im Mittelpunkt des lösungsorientierten Ansatzes der Mitarbeiterführung.

Grundlage sind Philosophie und Strategien der so genannten lösungsorientierten Kurztherapie und Beratung, wie sie seit über 30 Jahren in Milwaukee/USA von Insoo Kim Berg, Steve de Shazer und ihren Mitarbeiterinnen und Mitarbeitern entwickelt werden.

Nach kurzen orientierenden Einführungen in die Grundideen der lösungsorientierten Mitarbeiterführung und die Lerntheorie des lösungsorientierten Ansatzes finden Sie kurze und prägnante Darstellungen einer Vielzahl und Vielfalt von Mitarbeitergesprächen, die im Führungsalltag anfallen können. Dabei sind klassische Mitarbeitergespräche genauso berücksichtigt wie innovative Modelle. Suchen Sie die Gespräche aus, die zu Ihrem Stil, Ihrem Unternehmen und Ihren Aufgaben passen.

Dieses Buch lebt, wie alle lösungsorientierten Praxisbücher, vom Ausprobieren.

Unsere Gesprächsbausteine liefern Ihnen Formulierungsbeispiele für einen freundlichen, aber in der Sache stets klaren Stil, an dem Ihre Mitarbeiterinnen und Mitarbeiter sich gut orientieren können.

Behandeln Sie dieses Buch wie einen Werkzeugkoffer:

- Lesen Sie die einzelnen Kapitel in beliebiger Reihenfolge.
- Entscheiden Sie selbst, was Sie gerade interessiert.
- Schlagen Sie nach bei Situationen, für die Sie Anregungen möchten.
- Überspringen Sie alles, was Sie im Moment nicht interessiert.
- Probieren Sie interessante Anregungen gleich heute oder morgen aus.
- Wenn Sie gute Erfahrungen damit gemacht haben:
  machen Sie mehr davon!

Wenn bestimmte Gespräche, die zu Ihrem Führungsalltag gehören, auf Dauer schwierig bleiben, nutzen Sie die intensiveren Verbesserungsmöglichkeiten in lösungsorientierten Führungstrainings oder lösungsorientiertem Coaching.

Dies ist ein Buch für Männer und Frauen in Führungspositionen, die Mitarbeiter und Mitarbeiterinnen haben. Sie finden deshalb weibliche und männliche Formen in bunter Mischung.

Teil 1: Lösungsorientierte Mitarbeiterführung

Mitarbeiterinnen und Mitarbeiter als wichtigste Ressource

Als Führungskraft haben Sie viele Dinge in Einklang zu bringen. Ihr Führungshandeln spielt sich nicht im luftleeren Raum ab, sondern in einem Beziehungsgeflecht von wichtigen Anspruchsgruppen, für die Ihre Dienstleistung als Führungskraft wichtig ist. So haben beispielsweise Kapitaleigner, Kunden, Lieferanten, Mitarbeiterinnen und Mitarbeiter, Ihre eigenen Vorgesetzten, Gewerkschaften und Mitarbeitervertretung, eventuell auch Staat und Politik jeweils unterschiedliche Erwartungen an Ihr Unternehmen oder Ihre Organisation und damit auch an Sie.

Ihre Aufgabe ist es, diese unterschiedlichen Interessen in Ihrem Führungsalltag angemessen zu berücksichtigen und nicht zuletzt mit Ihrer persönlichen Lebens- und Karriereplanung in Einklang zu bringen.

Eine Ihrer wichtigsten Anspruchsgruppen sind aber Ihre Mitarbeiterinnen und Mitarbeiter.

→ **Egal wie gut Ihre übrigen Managementfähigkeiten sind, egal wie zufrieden andere wichtige Anspruchsgruppen sind – ohne einsatzfreudige, zufriedene und kompetente Mitarbeiterinnen und Mitarbeiter wird Ihr Erfolg nur von kurzer Dauer sein!**

Was trägt zur Kompetenz und Zufriedenheit Ihrer Mitarbeiterinnen und Mitarbeiter bei? Dies sind zunächst

strukturelle Faktoren wie

- faire, angemessene Bezahlung,
- Sicherheit und Gesundheit des Arbeitsplatzes,
- verlässliche berufliche Perspektive,
- Chancengleichheit,
- Möglichkeiten der Fortbildung und des sozialen Aufstiegs.

Daneben sind ebenso wichtig

Merkmale der Arbeitsstruktur und Arbeitsatmosphäre wie

- klare Aufgaben und verlässlicher Rahmen,
- transparente Abläufe und klare Informationen,
- angemessene, sinnvolle und befriedigende Aufgaben,
- selbstbestimmtes Handeln und Übernahme von Verantwortung,
- Möglichkeiten des Lernens,
- Anerkennung für den eigenen Beitrag und die eigenen Fähigkeiten,
- Kooperation und Teamgeist,
- gutes Betriebsklima und ein insgesamt respektvoller und diskreter Umgang.

Die Führungskraft als »Fels in der Brandung«

Während Ihre Mitarbeiterinnen und Mitarbeiter die zuständigen Fachkräfte sind, die die eigentlich wichtige Arbeit in Unternehmen und Organisation verrichten, sind Sie als Führungskraft in erster Linie verantwortlich für die verlässliche und klare Strukturierung des Arbeitsalltags und die Entwicklung neuer Perspektiven.

➜ Gute Führungskompetenz ist wichtiger als gute Fachkompetenz!

A. Als kompetente Führungskraft sind Sie die entscheidende Orientierungsfigur, die verantwortlich ist für **klare und verlässliche Strukturen**, Regeln und Prozessabläufe.
Mit Ihrer Verlässlichkeit schaffen Sie den Raum, in dem sich Ihre Mitarbeiterinnen und Mitarbeiter entfalten können.

Zu Ihren Aufgaben gehört:

- Sie setzen Mitarbeiterinnen und Mitarbeiter entsprechend ihren Fähigkeiten und Entwicklungsmöglichkeiten ein.
- Sie entwickeln Regeln und sorgen für deren Einhaltung.
- Sie unterstützen die Zusammenarbeit in Teams und der Gesamtorganisation.
- Sie sorgen für klare Zielvereinbarungen.
- Sie geben klare Informationen und Rückmeldungen.

B. Als kompetente Führungskraft sind Sie aber auch Orientierungsfigur und Modell für **Innovationen**. Sie schaffen eine kreative Lernatmosphäre und inspirieren und motivieren Ihre Mitarbeiterinnen und Mitarbeiter, das Unternehmen, die Produkte und sich selbst weiterzuentwickeln.

Zu Ihren Aufgaben gehört:

- Sie planen die Entwicklung von Visionen.
- Sie sorgen für die Formulierung lang- und mittelfristiger Ziele.
- Sie ermutigen dazu, Strukturen, Ressourcen und Kompetenzen an neue Entwicklungen anzupassen.
- Sie regen an, kontinuierlich Ideen zu entwickeln und Neues auszuprobieren.

Seien Sie klar!

Klarheit ist ein wichtiges Merkmal erfolgreicher Führungskräfte.

Um Mitarbeiterinnen und Mitarbeiter klar zu führen, ist zunächst wichtig, dass Sie selbst klar sind.

Wenn Sie die meisten der folgenden Fragen schnell und sicher beantworten können, haben Sie bereits ein gutes Fundament:

- Welche Interessen hat Ihr Unternehmen/Ihre Organisation?
- Wie lautet die Unternehmensphilosophie?
- Sind lang- und mittelfristige Ziele formuliert?
- Welche Produkte und Dienstleistungen für welche Kunden werden erbracht und angepeilt?
- Sind Qualitätsstandards beschrieben?
- Was sind die Interessen der Kunden?
- Wie sind die Interessen der Geldgeber?
- Was erwarten Ihre eigenen Vorgesetzten von Ihnen (z. B. Leistungen Ihrer Abteilung, spezielles Führungsverhalten, Kooperation und Wettbewerb)?
- Wofür sind Sie zuständig und wofür Ihre Mitarbeiterinnen und Mitarbeiter?
- Was erwarten Ihre Mitarbeiterinnen und Mitarbeiter von Ihnen?
- Was sind Ihre ganz persönlichen Arbeitsziele (z. B. Karriereplanung, Arbeitsfreude, Erwartungen der Familie und des Partners, der Partnerin)?

Auf dem sicheren Fundament Ihrer eigenen Klarheit gestalten Sie auch den **klaren Umgang mit Ihren Mitarbeiterinnen und Mitarbeitern.**

Sie kommunizieren klar, vereinbaren klare Ziele und geben klare Informationen und Rückmeldungen. Auch bei heiklen Themen reden Sie nicht um den heißen Brei, sondern kommen bald auf den Punkt.

Sie scheuen sich nicht, selbst Position zu beziehen, und ermutigen Ihre Mitarbeiterinnen und Mitarbeiter, auch ihre Anliegen und Ansichten zu vertreten. Sie akzeptieren notwendige Interessenkonflikte, die sich aus Ihren unterschiedlichen Rollen ergeben.

Sie bringen in einem angemessenen Spektrum auch Ihre eigenen Wünsche, Anliegen und Emotionen ein und akzeptieren dies auch bei den Mitarbeiterinnen und Mitarbeitern.

Sie setzen auf die klare Eigenverantwortlichkeit und Zuständigkeit der Mitarbeiterinnen und Mitarbeiter für die Erfüllung ihrer Aufgaben, stellen notwendige Ressourcen dafür bereit und geben Unterstützung nur in Absprache.

Als Führungskraft kommunizieren Sie mit Ihren Mitarbeiterinnen und Mitarbeitern in unterschiedlichen Funktionen und Aufgaben (als Leiter, als Kollege, als Fachexperte oder Fachexpertin, gleichberechtigt als Partner bei der Lösung eines Problems). Machen Sie möglichst deutlich, in welcher Funktion Sie gerade agieren.

»Wir verstehen uns alle sehr gut in unserer Abteilung. Ein Außenstehender würde gar nicht bemerken, dass ich die Leitung habe.«

Eine solche Äußerung spricht für unklare Grenzen. Wie enttäuscht ist ein so kollegialer Chef, wenn unpopuläre Entscheidungen bei den Mitarbeiterinnen und Mitarbeitern keinen Beifall finden. Wenn Sie Konflikte scheuen und sich nur im freundlich-kollegialen Miteinander wohl fühlen, sind Sie keine gute Führungskraft.

Seien Sie respektvoll und freundlich!

Klarheit, Respekt und Freundlichkeit sind der Schlüssel zum Herzen Ihrer Mitarbeiterinnen und Mitarbeiter.

Respekt bedeutet, dass Sie Ihre Mitarbeiterinnen und Mitarbeiter so behandeln, wie Sie selbst behandelt werden möchten, und sich als Vorgesetzter keine Freiheiten erlauben, die Sie Ihren Mitarbeiterinnen und Mitarbeiter nicht zugestehen. Beachten Sie spezielle Empfindlichkeiten und Distanzbedürfnisse, unterlassen Sie z. B. sexistische Äußerungen und Scherze. Stehen auch Sie zu Ihrem eigenen Stil und setzen Sie Grenzen, wenn Ihre Mitarbeiterinnen und Mitarbeiter zu distanzlos sind.

Fördern und respektieren Sie die unterschiedlichen Lebens- und Arbeitsstile sowie die (sub-)kulturellen Vorlieben Ihrer Mitarbeiterinnen und Mitarbeiter. Eine solche »Varietät« macht Ihr Unternehmen in einer sich schnell wandelnden Umwelt anpassungs- und konkurrenzfähig.

Fällt Ihnen die notwendige Toleranz schwer? Dann ist es oft hilfreich, sich zur Toleranz zu zwingen und diese zu spielen, um sie schließlich auch zu erwerben.

Freundlichkeit bedeutet, dass Sie ein wohlwollendes Interesse an den Leistungen und den Entwicklungsmöglichkeiten jedes Mitarbeiters und jeder Mitarbeiterin haben.

Betrachten Sie kleine Eigenheiten Ihrer Mitarbeiterinnen und Mitarbeiter durch eine freundliche »Brille« und sehen Sie zunächst das Positive!

Wenn es zu Ihrem persönlichen Stil passt und Ihre Mitarbeiterinnen und Mitarbeiter sich mitteilen, zeigen Sie Aufmerksamkeit für persönlich Bedeutsames, z. B. für private und außerberufliche Aktivitäten und Hobbies.

Notieren Sie sich Geburtstage und Jahrestage der Betriebszugehörigkeit, um Ihrer Mitarbeiterin, Ihrem Mitarbeiter zu gratulieren und zu danken.

Seien Sie konsequent!

Konsequenz bedeutet vor allem, dass Sie stets zu Ihrem Wort stehen.

Halten Sie sich auch selbst an die Regeln und Maßstäbe, die Sie für Ihre Mitarbeiterinnen und Mitarbeiter setzen.

Halten Sie Verabredungen und Termine mit Ihren Mitarbeiterinnen und Mitarbeitern so ein, wie Sie es auch mit Ihren Geschäftspartnern tun. Haben Sie versprochen, bestimmte Punkte zu klären, notieren Sie dies gleich in Ihrem Timer und vergessen Sie es nicht.

Kündigen Sie nur an, was Sie auch einhalten werden. Wenn Sie Aufstiegschancen erwähnen, notieren Sie einen Termin, an dem Sie diese erneut besprechen.

Wenn Sie negative Konsequenzen für bestimmte Fälle angekündigt haben, seien Sie auch hier konsequent. Engagierte Mitarbeiterinnen und Mitarbeiter verlieren oft ihre Motivation, wenn Sie als Führungskraft eklatantes Fehlverhalten ignorieren und scheinbar billigen. Vermeiden Sie Drohungen, die Sie nicht realisieren können.

Konsequenz bedeutet auch, dass Sie innerhalb des Betriebes, gegenüber Ihren eigenen Vorgesetzten und nach außen loyal und verlässlich hinter Ihren Mitarbeiterinnen und Mitarbeitern stehen und deren Interessen im Auge behalten und vertreten.

Weisen Sie Gerüchte und böswilligen Klatsch, der Ihnen zugetragen wird, freundlich, aber bestimmt zurück. Sie fungieren hier als Modell für Ihre Mitarbeiterinnen und Mitarbeiter, die es Ihnen letztlich mit Vertrauen danken werden. Plaudern Sie vertrauliche Informationen nicht aus, auch wenn Sie als Führungskraft häufig einsam agieren und gerade ein Gespräch mit Ihrem Lieblingsmitarbeiter führen.

Verwechseln Sie Konsequenz nicht mit Unfreundlichkeit, Sturheit und Rigidität. Wer innerlich klar und gut abgegrenzt ist, braucht nicht laut und überdeutlich zu werden.

Geben Sie Spielraum und Wahlmöglichkeiten!

Menschen brauchen Freiraum und Wahlmöglichkeiten. Sie wollen in für sie angemessenem Maß an Entscheidungen beteiligt werden, um sich mit ihrer Arbeit zu identifizieren und diese mit Freude zu tun. Jede Wahl, die Ihre Mitarbeiterin, Ihr Mitarbeiter trifft, erhöht ihr oder sein Maß an Eigenverantwortlichkeit und macht eine Kooperation leichter.

Beteiligen Sie Ihre Mitarbeiterinnen und Mitarbeiter an wichtigen Entscheidungen, holen Sie ihren Rat und ihre Meinung ein.

Betrachten Sie sich als zuständig für die Formulierung von klaren Zielen, die Sie mit Ihrem Mitarbeiter vereinbaren. Das **Wie** der Arbeit sollte aber jeder Mitarbeiterin und jedem Mitarbeiter selbst überlassen bleiben. Kritisieren Sie nicht den einzelnen Arbeitsstil und den Arbeitsrhythmus Ihrer Mitarbeiterinnen und Mitarbeiter. Wenn Sie durch den Betrieb gehen, sollten Sie freundliches Interesse für die Arbeit zeigen, aber keinesfalls die Tätigkeit, die gerade getan wird, mit gut gemeinten und fachlichen Ratschlägen unterbrechen und Ihre Mitarbeiter verunsichern! Vereinbaren Sie statt dessen feste Rückmeldetermine, bei denen Ihre Mitarbeiterinnen und Mitarbeiter über den Stand ihrer Projekte berichten und Sie gegebenenfalls korrigierend eingreifen können.

Zu den Wahlmöglichkeiten gehört auch, dass Sie Ihren Mitarbeiterinnen und Mitarbeitern größtmögliche Freiheit in ihrer Kleidung und bei der Gestaltung und Dekoration ihres Arbeitsplatzes lassen.

Gewähren Sie die größtmögliche Freiheit und Flexibilität bei der Gestaltung der Arbeitszeit. Wer in Einklang mit seinen Vorlieben und seinen persönlichen Verpflichtungen (z. B. Familie) arbeiten kann, ist ausgeruht und produktiv. Entwickeln Sie Ehrgeiz darin, hier die Grenzen des Möglichen und Machbaren immer mehr auszudehnen. Ihre Mitarbeiterinnen und Mitarbeiter werden es Ihnen mit Zufriedenheit danken.

Auch bei klaren Rügen und Anordnungen: Sehen Sie, dass Ihrem Mitarbeiter Wahlmöglichkeiten bleiben.

Ungünstig:	»Sie rufen sofort an und entschuldigen sich!«
Besser:	»Ich möchte, dass Sie sich heute noch entschuldigen. Rufen Sie an oder schreiben Sie einen Brief, den Sie heute noch vorbeibringen.«

Seien Sie entspannt!

Arbeit soll Spaß machen, nicht nur Ihren Mitarbeiterinnen und Mitarbeitern, sondern auch Ihnen. Wenn Sie sich abrackern, nervös sind und verkniffen Probleme bearbeiten, sind Sie ein schlechtes Vorbild für Ihre Mitarbeiterinnen und Mitarbeiter und verlieren Energie.

Arbeiten Sie mit einer klaren Planung. Setzen Sie Prioritäten, planen Sie Pufferzeiten ein, nehmen Sie sich Zeit für Ihre Mitarbeiterinnen und Mitarbeiter. Einer unserer Kursteilnehmer, ein beliebter Geschäftsführer eines großen Wohlfahrtsverbandes, setzt zum Beispiel an den Anfang jedes Arbeitstages eine offene Stunde, in der jeder Mitarbeiter und jede Mitarbeiterin ihn sprechen kann. Eine schöne Möglichkeit, den Arbeitstag mit Ruhe zu beginnen und den Mitarbeiterinnen und Mitarbeitern Offenheit und Zuwendung zu zeigen.

Signalisieren Sie stets Vertrauen in die fachlichen Fähigkeiten Ihrer Mitarbeiterinnen und Mitarbeiter. Wird ein fachliches Problem an Sie herangetragen, reißen Sie die Aufgabe nicht neunmalklug (am Ende noch gestresst seufzend) Ihrem Mitarbeiter aus den Händen, sondern überlegen Sie, wie Sie seine Problemlösefähigkeit anregen können. Seien Sie im Zweifelsfall »dümmer«, als Sie wirklich sind, geben Sie stets zu, wenn Sie etwas nicht genau wissen (»Da kennen Sie sich besser aus als ich.«), und Sie werden kompetente Mitarbeiterinnen und Mitarbeiter haben.

Delegieren Sie, wo Sie können. Trauen Sie Ihren Mitarbeiterinnen und Mitarbeitern zu, ihre eigenen Aufgaben selbstständig zu erledigen. Behalten Sie stets im Auge: Sie als Führungskraft haben Ihre eigene Arbeit gut getan, wenn Sie für gute Rahmenbedingungen und die notwendige Unterstützung des Arbeitsprozesses gesorgt haben.

Bewegen Sie sich ruhig und freundlich im Betrieb. Nehmen Sie sich Zeit für eine Mittagspause und für kleine Pausen zwischendurch. Machen Sie gelegentlich in Ruhe einen Spaziergang und gehen Sie regelmäßig pünktlich nach Hause. Gehetzte Führungskräfte haben gelähmte oder selbst gehetzte Mitarbeiterinnen und Mitarbeiter.

➔ In der Ruhe liegt die Kraft!

Seien Sie fair!

Gut geführte Mitarbeitergespräche, ein freundlicher und respektvoller Umgang, eine Orientierung an den Kompetenzen – all dies kann nur in einem grundsätzlich **fairen Arbeitskontext** wirken.

Fairness im Arbeitsleben bedeutet:

- Sie bezahlen angemessen, ohne Notlagen Ihrer Mitarbeiterinnen und Mitarbeiter (hohe Arbeitslosigkeit, wenig Konkurrenz um gute Kräfte) auszunutzen. Wer an guten Löhnen für gute Mitarbeiterinnen und Mitarbeiter spart, verliert an anderer Stelle.
- Sie sorgen für sichere und gesunde Arbeitsplätze, an denen sich Ihre Mitarbeiterinnen und Mitarbeiter wohl fühlen.
- Sie sorgen für größtmögliche Sicherheit in der Zukunftsplanung Ihrer Mitarbeiterinnen und Mitarbeiter. Dies geschieht am besten durch langfristige Arbeitsverhältnisse. Bei kurzfristigen Arbeitsplätzen orientieren Sie klar, machen keine falschen Hoffnungen und gestalten auch kurzfristige Arbeitsverhältnisse so, dass sich Ihre Mitarbeiterinnen und Mitarbeiter beruflich weiterqualifizieren können.
- Sie sorgen für familienfreundliche Arbeitsbedingungen.
- Sie sorgen dafür, dass Ihre Mitarbeiterinnen und Mitarbeiter für besondere Belastungen einen Ausgleich bekommen.
- Sind Überstunden in Ihrer Organisation notwendig, bieten Sie Sicherheit durch klare Begrenzungen, z. B. in Rotation für jeden Mitarbeiter zwei Wochentage grundsätzlich überstundenfrei, Regelarbeitszeiten grundsätzlich eine Stunde kürzer, die sie »ansparen«, Höchstgrenze von Überstunden, großzügige Regelungen zum Freizeitausgleich.
- Sie sorgen für gute berufliche Weiterbildung und klare Bedingungen für Aufstiegsmöglichkeiten.

Teil 2:
Gesprächsführung nach dem lösungsorientierten Ansatz

Kompetenz- und Lösungsorientierung im Mitarbeitergespräch

Es gibt grundsätzlich zwei Arten, Verbesserungen anzustreben:

1. Sie forschen nach Schwachstellen, listen Defizite auf, analysieren Probleme und denken darüber nach, welche Fehler warum gemacht wurden und wie sie zu beheben sind.
2. Sie forschen nach Kompetenzen und Ressourcen, listen Stärken auf und denken darüber nach, welche Erfolge wie erzielt wurden und wie sie zu wiederholen und auszubauen sind.

Lösungsorientierte Mitarbeiterführung ist eine leidenschaftliche Verfechterin des zweiten Weges.

Probleme und Fehler gehören aus unserer Sicht zum menschlichen Alltag wie schlechtes Wetter. Aus Sicht der Systemtheorie entstehen sie schon deshalb, weil Systeme, also auch Ihre Organisation, sich dauernd verändern. Sie bereiten oft neue Ordnungsstrukturen vor und begleiten Lern- und Veränderungsprozesse.

Aus Sicht des lösungsorientierten Ansatzes stehen Fehleranalyse und erfolgreiches Arbeiten in keinem ursächlichen Zusammenhang. Vergessen Sie Defizite und beschäftigen Sie sich mit den Stärken und den genutzten und ungenutzten Potenzialen! Das gilt für den einzelnen Mitarbeiter genauso wie für ganze Abteilungen oder Organisationen. Wenn Sie so vorgehen, verschwinden Probleme oft, wie sie gekommen sind, oder werden einfach unwichtig.

Unterstellen Sie Ihren Mitarbeiterinnen und Mitarbeitern grundsätzlich Kompetenz, guten Willen und Interesse an ihrer Arbeit.

Signalisieren Sie, dass Fehler zur menschlichen Arbeit dazugehören und als Lernfeld willkommen sind.

Führen Sie Mitarbeitergespräche besonders häufig aus Anlass von Erfolgen (»Was haben wir richtig gemacht?«).

Sie schütteln ungläubig den Kopf? Dann stellen Sie sich folgende Frage: Was zählt für Sie mehr: der Erfolg, die Leistungen und die Arbeitszufriedenheit in Ihrer Organisation oder die Tatsache, dass dort wenig Fehler gemacht werden?

Kompetenzen herbeireden – lösungsorientierte Lerntheorie

Basis des lösungsorientierten Ansatzes in diesem Band ist der Konstruktivismus. Aus der Sicht des Konstruktivismus sind Beschreibungen Grundelemente der Welt. Menschen schaffen ihre Wirklichkeit durch Sprache.

Sprache wirkt oft im Sinne sich selbst erfüllender Prophezeiungen: Das, worüber wir reden, rückt in den Mittelpunkt unserer Aufmerksamkeit, wird Thema. Wenn wir über bestimmte Dinge sprechen, werden wir sie eher *herbei*reden als *weg*reden. Der einfache Schluss: Je mehr wir über Probleme und Misserfolge sprechen, um so hartnäckiger werden sie bleiben und unsere Aufmerksamkeit beanspruchen. Und umgekehrt: Je mehr wir über Lösungen, Gelingendes und unsere Ziele reden, um so eher werden sie eintreten und unsere Aufmerksamkeit beanspruchen.

Wenn wir die Welt durch Sprache beeinflussen oder gar schaffen, geschieht dies häufig in Form des Dialogs. Im gemeinsamen Gespräch wird etwas Neues geschaffen. Wir formulieren gemeinsam neue Beschreibungen. Nach einem Gespräch sehen wir manche Dinge anders, in neuem Licht.

Das **professionelle** Gespräch unterscheidet sich vom Alltagsgespräch dadurch, dass es geplant und zielgerichtet ist. Als Führungskraft tragen Sie eine ganz besondere Verantwortung dafür, **wie** Sie mit Ihren Mitarbeiterinnen und Mitarbeitern reden und worauf Sie im Gespräch die Aufmerksamkeit lenken. Im Mittelpunkt von Gesprächen nach dem lösungsorientierten Modell stehen Erfolge, Ziele, erste Schritte, Verbesserungen, neue Ideen und Lösungen.

Ein häufiger Einwand: Ist ein solcher Gebrauch von Sprache nicht künstlich?

Ja, alle professionelle Sprache, die geplant, methodisch und zielgerichtet ist, ist in diesem Sinne zunächst einmal »künstlich« und unterscheidet sich von der spontanen Alltagssprache etwa im freundschaftlichen Gespräch.

Ein häufiger Einwand: Ist ein solcher Gebrauch von Sprache nicht manipulativ?

Wir beeinflussen jedes Gespräch, das wir führen, indem wir die gemeinsame Aufmerksamkeit auf bestimmte Themen lenken. Meist tun wir dies nur ungeplant und folgen unseren persönlichen Gewohnheiten. Eines gilt jedoch gleichermaßen für geplante und spontane Gespräche: Sie können durch Sprache Ihre GesprächspartnerInnen **anregen**, aber (zum Glück!) niemals manipulieren.

Führen Sie eine Kompetenzkartei!

Richten Sie zunächst Ihre eigene Aufmerksamkeit auf Stärken Ihrer Mitarbeiterinnen und Mitarbeiter und auf Ressourcen in Ihrer Organisation.

Legen Sie dazu eine **Kompetenzkartei** an:

Führen Sie eine Karteikarte (oder Datenseite im PC) für jeden Mitarbeiter und jede Mitarbeiterin und zusätzlich für die Teams und Abteilungen, mit denen Sie zusammenarbeiten. Notieren Sie alle Stärken, Fähigkeiten und Erfolge im Arbeitsalltag, die Ihnen auffallen. Notieren Sie auch auch Fähigkeiten und besondere Interessen außerhalb der Arbeit, die in gemeinsamen Gesprächen auftauchen. Werfen Sie öfter einen Blick in die Kompetenzkartei, besonders aber vor anstehenden Gesprächen und wenn Sie eine Weiterentwicklung Ihres Bereiches planen.

Der geplante und systematische Blick auf Fähigkeiten und Ressourcen fällt vor allem am Anfang nicht leicht. Immerhin brechen Sie mit einer in unseren Augen unheilvollen Gewohnheit im Arbeitsleben: Erfolge, Fähigkeiten und gute Arbeit sind selbstverständlich, Misserfolge, Probleme und Defizite sind dagegen so wichtig, dass sie notiert und »aktenkundig« gemacht werden.

Hier ein paar Anregungen, auf welche positiven Bereiche Sie Ihre Aufmerksamkeit lenken können:

- Zuverlässigkeit
- Belastbarkeit
- Arbeitsmenge
- Arbeitsqualität
- besondere fachliche Kenntnisse und Fertigkeiten
- Fähigkeiten im mündlichen und schriftlichen Ausdruck
- Auffassungsgabe und geistige Beweglichkeit
- versierter Umgang mit elektronischen und anderen Geräten
- Einsatzbereitschaft
- Gründlichkeit
- Genauigkeit
- Pünktlichkeit
- Kooperation mit Kolleginnen und Kollegen, gute Außenbeziehungen
- Entscheidungsfreudigkeit
- Einfallsreichtum
- Ideen und Initiative

- Verhandlungsgeschick
- soziale Fähigkeiten wie Geduld
- Ruhe und Ausgeglichenheit
- Humor
- Optimismus
- Toleranz
- Kritikfähigkeit
- eine freundliche und kollegiale Art
- die Bereitschaft, zuzuhören

Suchen Sie auch das Gespräch mit einzelnen Mitarbeiterinnen und Mitarbeitern, um zusätzliche Informationen zu bekommen, und erfragen Sie besondere Stärken (»Was fällt Ihnen besonders leicht in Ihrem Arbeitsbereich?«, »Wo sehen Sie selbst Ihre besonderen Stärken?«).

Pflegen Sie angemessenes Lob!

Loben Sie Ihre Mitarbeiterinnen und Mitarbeiter!

Allzu oft werden die Leistungen von Mitarbeiterinnen und Mitarbeitern als selbstverständlich betrachtet. Feedback erfolgt häufiger bei Kritik als bei Zufriedenheit. Damit werden wichtige Chancen, Gelingendes zu verstärken und »herbeizureden«, vertan und die Mitarbeiterinnen und Mitarbeiter werden eher respektlos und unfreundlich behandelt.

Zeigen Sie durch angemessenes Lob, dass gute Arbeit, Interesse und Kollegialität für Sie nicht selbstverständlich sind, sondern dass Sie den Einsatz Ihrer Mitarbeiterinnen und Mitarbeiter zu würdigen wissen. Aber:

➜ Nicht jedes Lob ist förderlich!

Sie sollten ein paar lösungsorientierte Grundregeln beachten:

1. **Ihr Lob muss echt und ehrlich sein!**

   Unehrliches Lob wird schnell entlarvt und verärgert Ihre Mitarbeiterinnen und Mitarbeiter zu Recht. Wenn Ihnen kein ehrliches Lob einfällt, loben Sie nicht.

2. **Loben Sie nicht ständig für Kleinigkeiten!**

   Wer ständig für selbstverständliche Kleinigkeiten lobt (»Oh, Sie haben den Brief geschrieben. Das haben Sie gut gemacht!«), erweckt den Eindruck, dass der Mitarbeiterin nicht mehr zuzutrauen ist. Fassen Sie das Lob für Routine-Tätigkeiten lieber zusammen: »Sie erledigen die gesamte Korrespondenz zuverlässig und schnell. Das ist eine enorme Arbeitserleichterung für mich.«

3. **Formulieren Sie Ihr Lob ohne einschränkende Formulierungen!**

   Einschränkende Formulierungen, häufig eingeleitet durch »trotz«, »obwohl«, »noch« lassen Lob halbherzig wirken. Formulieren Sie kurz und prägnant und lassen Sie alles Einschränkende weg:

eingeschränkt	günstiger
Mir gefällt, wie Sie trotz der schwierigen Auszubildenden die Ruhe behalten.	Mir gefällt Ihre Ruhe bei den Auszubildenden.
Schön, dass Sie die Präsentation doch noch geschafft haben.	Die Präsentation ist fertig. Das freut mich sehr.

Stellen Sie kompetenzorientierte Fragen!

Unsere lösungsorientierten Gesprächsbausteine sollen Ihnen helfen, förderliche Anregungen in Ihre Mitarbeitergespräche zu tragen. Dies geschieht im lösungsorientierten Ansatz durch hilfreiche Fragen, die die Aufmerksamkeit im Gespräch lenken auf

- bereits Gelungenes
- Ausnahmen vom Problem (Wann tritt es nicht/weniger auf? Wann ist es leichter?)
- die Eigenaktivität der Mitarbeiterinnen und Mitarbeiter
- Ziele
- Ideen
- Ressourcen
- neue Möglichkeiten

Die Fragen sind so formuliert, dass sie Ihrer Mitarbeiterin, Ihrem Mitarbeiter grundsätzlich Kompetenz unterstellen. Viele Fragen enthalten implizit die Annahme, dass Ihr Mitarbeiter etwas tut und etwas kann. Damit stärken Sie Ihre Mitarbeiterinnen und Mitarbeiter im Sinne eines **Empowerment**: Lösungsorientierte Gespräche regen Ihre Mitarbeiterinnen und Mitarbeiter an, selbstbewusster zu sein, ihre Stärken zu sehen und mehr von dem zu tun, was gut gelingt.

Auch wenn Ihnen einige Formulierungen in unseren Gesprächsvorschlägen zunächst befremdlich erscheinen: Sie sind im Sinne der Lösungsorientierung gut durchdacht!

Machen Sie einfach einen Versuch damit und beobachten Sie, was geschieht! Richten Sie Ihre Aufmerksamkeit darauf, mit welcher Miene und in welcher Körperhaltung Ihre Mitarbeiterin, Ihr Mitarbeiter zum Gespräch kommt und welche Veränderungen im Laufe des Gesprächs eintreten.

Wenn Sie mit unseren Gesprächsvorschlägen arbeiten, werden sich im Laufe der Zeit für Sie besondere »Lieblingsbausteine« ergeben, die zu Ihnen und Ihrer speziellen Situation gut passen. Andere Bausteine werden Sie verändern, wieder andere ganz weglassen. Experimentieren Sie damit!

Teil 3: Weitere Grundregeln im Mitarbeitergespräch

Grundhaltungen im Gespräch

Jedes Mitarbeiterinnen- und Mitarbeitergespräch ist eine individuelle Gesprächssituation. Noch so schöne Formulierungen nützen Ihnen recht wenig, wenn Ihre Gesprächspartnerin oder Ihr Gesprächspartner Ihnen nicht glaubt. Ehrlichkeit ist deshalb die Grundvoraussetzung für Gespräche. Wenn Ihnen in Gesprächen nicht geglaubt wird, Sie Ihren Gesprächspartner nicht als Mensch akzeptieren oder Sie seine Perspektive nicht verstehen können, kommen Sie mit Ihren Anliegen oft nicht mehr durch. Zu Beginn eines Gesprächs geht es vor allem darum, eine Vertrauensbasis zu schaffen.

Ehrlichkeit, Echtheit zu zeigen oder authentisch zu sein heißt:

Sagen Sie, was Sie denken und fühlen. Achten Sie darauf, dass das, was Sie sagen (= Inhalt), übereinstimmt mit der Art und Weise, in der Sie es sagen (= Ausdruck). Ehrlichkeit oder Authentizität bedeutet nicht grenzenlose Offenheit oder gar Taktlosigkeit, die andere Menschen vor den Kopf stößt. Ihre Ehrlichkeit sollte sich an dem orientieren, was andere verstehen, annehmen und aufnehmen können.

Jede Gesprächssituation ist einzigartig. Sie findet in einer ganz bestimmten Situation und in einem situativen Kontext statt. Alle Gesprächsbeteiligten bringen ihre persönliche Sichtweise, ihre Eigenheiten, Befindlichkeiten wie z. B. Tagesform, ihren Kommunikationsstil, ihre Art, sich auszudrücken und zu verstehen, in die Gesprächssituation ein.

Das bedeutet: noch so gute und bewährte Gesprächsbausteine allein machen keine Wirkung. Nutzen Sie unsere Bausteine, indem Sie sie sensibel den Menschen und Situationen angepasst einsetzen. Vertrauen Sie dabei auf Ihren eigenen Stil, Ihre Mitarbeiterinnen und Mitarbeiter zu erreichen.

Zusätzlich haben Sie für sich geklärt, ob Ihr Gesprächspartner die Möglichkeiten hat, Ihre Ziele und Anliegen anzunehmen oder zu akzeptieren, dass also Ihre Gesprächsziele sachlich und menschlich in Ordnung sind. Oder dass Sie Entscheidungen nach außen vertreten können (bei besonders unangenehmen Gesprächsanlässen) und dabei nachts ruhig schlafen können.

Vorbereitung und rechtliche Klärung

Bereiten Sie alle Mitarbeitergespräche vor:

- **Machen Sie sich das Ziel des jeweiligen Gesprächs klar.**

  Klären Sie zunächst für sich, welche Ziele Sie im Gespräch verfolgen. Fragen Sie sich zusätzlich, ob Ihr Gesprächspartner die Möglichkeiten hat, Ihre Ziele und Anliegen anzunehmen oder zu akzeptieren, und ob Ihre Gesprächsziele sachlich und menschlich in Ordnung sind.
  Notieren Sie sich wichtige Fakten und als Leitfaden Stichpunkte zu den Themen, die Sie ins Gespräch einbringen wollen. Gehen Sie zielgerichtet und prägnant vor und schweifen Sie möglichst wenig in Smalltalk ab.

- **Legen Sie das Thema des jeweiligen Gesprächs fest.**

  Führen Sie das Gespräch immer nur zu einem bestimmten Thema und legen Sie Gesprächsanlässe möglichst nicht zusammen. Bei unterschiedlichen Themen haben Sie als Führungskraft eine unterschiedliche Rolle und Haltung. Ein Wechsel vom Gehalts- zum Fördergespräch stiftet eher Verwirrung.

- **Blicken Sie vor dem Gespräch in Ihre Kompetenzkartei.**

  Egal wie kritisch der Anlass des Gesprächs ist: Führen Sie sich durch einen Blick in Ihre Kompetenzkartei noch einmal vor Augen, was Ihre Mitarbeiterinnen und Mitarbeiter sonst leisten und was Sie sonst an ihnen schätzen.

- **Klären Sie vorab gründlich die rechtlichen Voraussetzungen.**

  Ihr Handlungsspielraum als Führungskraft unterliegt arbeitsrechtlichen Einschränkungen. Dies gilt nicht nur für negative Maßnahmen wie Abmahnung, Kündigung oder Versetzung. Hinweise finden Sie unter dem Zeichen § in den einzelnen Gesprächen. Orientieren Sie sich in jedem Fall **vor** kritischen Gesprächen über die Rechtslage. Verlassen Sie sich dabei nicht nur auf Ihr eigenes Geschick, sondern sichern Sie sich durch juristischen oder fachlichen Beistand ab, der arbeitsrechtliche Positionen realistisch einschätzt.

Rahmen und Zeitrahmen

In der Regel werden Mitarbeitergespräche aus dem normalen Arbeitsablauf herausgehoben und deutlich markiert. Das bedeutet zum Beispiel, dass Sie nicht zwischen Tür und Angel spontan wichtige Gespräche führen, wenn weder Sie noch Ihre Mitarbeiterinnen und Mitarbeiter vorbereitet sind.

Setzen oder verabreden Sie eine zeitliche Begrenzung der Mitarbeiterinnen- und Mitarbeitergespräche und weichen Sie nur in Ausnahmefällen von Ihrem Zeitlimit ab. Nicht Vollständigkeit oder Ausführlichkeit machen ein Gespräch erfolgreich, sondern entscheidend sind der Rhythmus, der Zeitpunkt und der Impuls, den Sie setzen. Ein gutes Mitarbeitergespräch kann auch fünf Minuten dauern.

Sorgen Sie für eine störungsfreie, angenehme Gesprächsatmosphäre. Je nach betrieblicher Situation können das Besprechungsräume oder -plätze in Ihrem Büro sein, wo Sie zugewandt, aber nicht frontal gegenüber sitzen können. Sorgen Sie nachdrücklich dafür, dass kein Telefongespräch und keine Besucher das Gespräch stören. Bleiben Sie selbst konzentriert: Sie führen jetzt das Gespräch und stellen alle anderen Tätigkeiten zurück.

Begrüßen Sie Ihren Mitarbeiter freundlich, sprechen Sie ihn mit Namen an und danken Sie dafür, dass er gekommen ist und sich Zeit genommen hat. Nutzen Sie die ersten Gesprächssätze zur Auflockerung (»Türöffner«) und kommen Sie dann zum Thema Ihres Gesprächs. Machen Sie deutlich, welche Informationen vertraulich behandelt werden und welche unter Umständen weitergegeben werden. Seien Sie freundlich und bestimmt, nutzen Sie Ihre ganz persönlichen bewährten Gesprächsressourcen, z. B. Ihren Humor, Ihr Lächeln, einen zugewandten Blick und eine ebensolche Haltung, Kraft und Energie und Ihre Zuversicht, um Ihre Gesprächspartnerinnen und Gesprächspartner zu erreichen.

Fassen Sie die Ergebnisse am Ende des Gesprächs noch einmal zusammen (ggf. kurz schriftlich) und vergewissern Sie sich, dass auch Ihre Mitarbeiterin oder Ihr Mitarbeiter diese bestätigt. Bedanken Sie sich für das Gespräch, äußern Sie Zuversicht und verabschieden Sie sich angemessen.

Notieren Sie direkt nach dem Gespräch wichtige Ergebnisse, Informationen und Termine (Wiedervorlage).

Teil 4:
Die Mitarbeitergespräche von A bis Z

Abmahnung

Grundlagen

Abmahnungen stellen eine ernsthafte Verwarnung der Mitarbeiter dar. Sie sind offizielle Reaktionen auf eine Verletzung der Arbeitspflicht. Sie drohen negative Konsequenzen an und können die Vorstufe zu einer verhaltensbedingten regulären Kündigung oder gar zu einer fristlosen Kündigung sein.

Abmahnungen betonen Ihre Sanktionsmacht als Führungskraft und sollten erst eingesetzt werden, wenn andere Formen des Kritikgesprächs sich als fruchtlos erwiesen haben oder wenn das gezeigte (eventuell einmalige) Fehlverhalten ganz gravierend ist.

Legen Sie im Gespräch großen Wert darauf, ansonsten gute Leistungen der Mitarbeiterin oder des Mitarbeiters zu betonen, und zeigen Sie Wege auf, wie sich das beanstandete Verhalten bessern kann. Erfragen Sie auch besondere Gründe (z. B. Belastungen und Veränderungen in der Familienorganisation) und die Vorstellungen und Vorschläge des Mitarbeiters zu einer Behebung des Missstandes.

Zeigen Sie Interesse an der Person des Mitarbeiters.

Ziele des Gesprächs

Ihre Mitarbeiterin soll am Ende des Gesprächs

- klar verstanden haben, welches Verhalten Sie nicht mehr hinnnehmen wollen,
- bei einem einmaligen, aber gravierenden Fehlverhalten verstanden haben, was die negativen Folgen für das Unternehmen sind,
- klar die möglichen negativen Folgen bei weiteren Vorfällen kennen,
- aus Gründen der Fairness rechtliche Hinweise erhalten haben und
- eigene Vorschläge für eine Verbesserung entwickelt und auch von Ihnen Anregungen erhalten haben.

Gesprächsbausteine

Gesprächsbaustein	Hinweise
Frau Grün, wir haben uns schon mehrfach wegen Ihrer ständigen Verspätungen am Morgen unterhalten. Sie sind eine gute und zuverlässige Kraft in der Telefonzentrale und wir möchten Sie ungern missen. Weitere Verspätungen kann und will ich aber nicht mehr hinnehmen. Ich will Sie deshalb heute abmahnen und Ihnen offiziell mitteilen, dass ich bei weiterem Zuspätkommen am Morgen eine Kündigung in Erwägung ziehe.	Eine Abmahnung ist ein rechtlicher Akt, der gut vorüberlegt sein will (s. u.). Bringen Sie die rechtlich verbindliche Form der Abmahnung in einer kurzen, gut vorbereiteten Ansprache vor und gehen Sie danach zu dem Teil des Gesprächs über, der nach neuen Perspektiven sucht.
Ich habe die Form der Abmahnung gewählt, um Ihnen deutlich zu machen, wie ernst mir die Sache ist. Als gute Kraft in der Telefonzentrale möchten wir Sie gerne behalten. Welche Ideen haben Sie selbst, wie Sie morgens pünktlicher sein können?	Zeigen Sie deutlich auch Ihre eigene Ratlosigkeit und Ihr Interesse an einer Fortsetzung des Arbeitsverhältnisses. Erfragen Sie die eigenen Ideen der Mitarbeiterin zur Verbesserung des Verhaltens.
In Ihren ersten drei Jahren im Betrieb ist es Ihnen stets gelungen, pünktlich zu sein. Was für besondere Umstände machen es denn jetzt schwierig?	Zeigen Sie Interesse an der Person Ihrer Mitarbeiterin und erfragen Sie momentan schwierige Belastungen (z. B. in der Organisation des Familienalltags).

☛ Mögliche Fallstricke

§ Abmahnungen sind gravierende Eingriffe. Sie sollten vor einer Abmahnung juristischen Rat einholen und die Mitarbeitervertretung informieren und anhören.
Sprechen Sie Abmahnungen nicht leichtfertig aus und nehmen Sie sie nicht leichtfertig im Gespräch wieder zurück!

Alkohol und Drogen

Grundlagen

Gelegentlicher Alkoholkonsum zu außergewöhnlichen Anlässen gehört in vielen Unternehmen zum Alltag.

Problematisch wird die Situation, wenn ein Mitarbeiter durch ständigen Konsum von Alkohol und anderer legaler (Medikamente) oder illegaler Drogen in seiner Arbeitsleistung beeinträchtigt wird und/oder sich selbst oder andere gefährdet.

Im Gegensatz zum Zigarettenkonsum, der in der Regel offen diskutiert werden kann und sich durch klare Regelungen und Ausweichmöglichkeiten (Raucherecke im Außengelände, Raucherbereich) beschränken lässt, müssen Sie sich bei Alkohol-, Drogen- und Medikamentenabhängigkeit darauf einstellen, dass Ihre Mitarbeiterinnen und Mitarbeiter ihre Abhängigkeit und den Konsum leugnen oder das Ausmaß herunterspielen.

Wann Alkohol, Medikamente und andere Drogen zu einem Risiko werden, ist ohnehin kulturell unterschiedlich gewertet.

Andererseits ist es für Betroffene oft hilfreich, wenn sie frühzeitig Hinweise aus ihrer Umgebung bekommen, dass sie verändert wirken. So können sie noch früh genug die Bremse ziehen.

Ziele des Gesprächs

Ihr Mitarbeiter soll im Gespräch

- verstehen, dass Sie in seinen sonst guten Arbeitsleistungen Einbrüche bemerkt haben und sich Sorgen um seine Gesundheit machen,
- Gelegenheit erhalten, sich zu privaten oder anderen Belastungen zu äußern,
- Ihre Vermutung hinsichtlich Alkohol oder Drogen erfahren,
- Hilfsmöglichkeiten genannt bekommen,
- begreifen, dass weitere Gefährdungen der Arbeitssicherheit und konkrete Verstöße gegen das Alkoholverbot im Betrieb zu Konsequenzen führen.

Gesprächsbausteine

Gesprächsbaustein	Hinweise
Herr Meier, Sie sind mir stets	Kommen Sie möglichst schnell und

als zuverlässiger Mitarbeiter bekannt. Nun habe ich in letzter Zeit den Eindruck, dass Sie wenig konzentriert sind, häufig zu spät kommen und insgesamt in einem Leistungstief sind. Ich frage mich, ob Sie in letzter Zeit nicht mehr Alkohol trinken, als Ihnen zuträglich ist.	direkt zur Sache. Bleiben Sie strikt bei der »Ich«-Form und der Vermutungshaltung.
Nun, es mag sein, dass mein Eindruck nicht ganz richtig ist. Was ist denn sonst in Ihrem Leben anders, dass nun ein solcher Eindruck entstanden ist? Welche anderen Probleme oder Belastungen haben Sie im Moment?	So zeigen Sie Interesse und Hartnäckigkeit bei der Verfolgung dieses Themas.
Es würde mich beruhigen, wenn Sie die Situation einmal mit Ihrem Hausarzt besprechen oder eine Drogenberatungsstelle aufsuchen. Ich habe Ihnen hier ein paar Adressen zusammengestellt. Diese Leute beraten Sie auch hinsichtlich Problemen auf der Arbeitsstelle. Herr Meier, ich bin etwas in Sorge um Sie und möchte mich gerne in ... Wochen noch einmal mit Ihnen treffen. Sind Sie damit einverstanden?	Mit dieser Formulierung zeigen Sie, dass es um Ihr Bedürfnis und Ihr Interesse an einer Änderung geht. Sie verlangen keine sofortige Problemeinsicht durch den Mitarbeiter. So machen Sie klar, dass Sie auch in Zukunft das Thema weiterverfolgen werden. Machen Sie bei einem Zweitgespräch auch konkrete Angebote, wie Sie Heilmaßnahmen (z. B. Kur) von Seiten des Betriebes unterstützen können.

☛ Mögliche Fallstricke

Gehen Sie immer davon aus, dass Sie bei einer bestimmten Vermutung auch falsch liegen können und dass nach einem einmal geäußerten Verdacht jedes kleine Anzeichen in diese Richtung gedeutet wird (self-fulfilling prophecy).
Wenn Ihr Mitarbeiter erhöhten Konsum abstreitet, fangen Sie nicht an, mit ihm zu argumentieren, sondern geben Sie zu: »Es mag ja sein, dass ich hier falsch liege.«

Ausbildungsbegleitung

Grundlagen

Neues Lernen macht Spaß und bietet Herausforderungen.

Es liegt an Ihnen, ob Sie im Gespräch zur Ausbildungsbegleitung das Schwergewicht auf das Gelingende oder auf die Schwierigkeiten legen. Im Sinne eines Empowerments Ihrer Mitarbeiter sollten im Mittelpunkt eines Gesprächs zu Lernprozessen Gelingendes und bereits erworbene Fähigkeiten Ihrer Mitarbeiter stehen. So stärken Sie das Selbstbewusstsein und den Mut für weitere Lernschritte!

Thematisieren Sie im Gespräch auch die Ressourcen Ihres Unternehmens. Dies stärkt die Fähigkeit, solche Ressourcen zu nutzen, und führt dazu, dass sich Ihre Mitarbeiterinnen und Mitarbeiter in Ihrem Betrieb wohl fühlen!

Auszubildende und PraktikantInnen sind die zukünftigen innovativen Fachkräfte Ihrer Branche. Zeigen Sie ehrliches Interesse an ihren Einfällen und Ideen.

Gut ausgebildete Fachkräfte tragen während ihres gesamten Berufslebens zu einem positiven Image Ihres Unternehmens bei. Tun Sie alles, um die Qualität ihrer Ausbildung zu steigern.

Ziele des Gesprächs

Ihr Mitarbeiter soll im Gespräch

- seine bewährten und neuen Fähigkeiten reflektieren,
- den Blick entwickeln für Ressourcen und Unterstützung im Unternehmen,
- Ziele für seine weitere Ausbildung entwickeln,
- ermutigt werden, Ihre Unterstützung zu nutzen.

Gesprächsbausteine

Gesprächsbaustein	Hinweise
Was klappt bereits gut?	Diese bewusst offene Frage ist eine gute Eröffnung für alle Arten von Lern- und Einarbeitungsprozessen.
Welche Fähigkeiten, die Sie schon an sich kannten, haben Sie in Ihrem neuen Bereich (oder:	Unterstellen Sie Ihrem Mitarbeiter Fähigkeiten und Kompetenzen, die er bereits mitgebracht hat, stärken

bisher in Ihrer Ausbildung) bestätigt gefunden?	Sie so sein Selbstbewusstsein.
Welche neuen Fähigkeiten haben Sie an sich entdeckt?	Mit dieser Frage ermutigen Sie den Mitarbeiter, über sich selbst als lernendes Individuum nachzudenken und den Blick für Lernprozesse zu entwickeln.
Welche Hilfestellungen von Kolleginnen und Kollegen sind besonders nützlich für Sie?	Hiermit lenken Sie die Aufmerksamkeit auf personale Ressourcen in Ihrem Unternehmen und erhalten selbst wertvolle Informationen über unterstützendes Potenzial.
Welche anderen Dinge in unserem Unternehmen sind nützlich für Sie?	Hiermit lenken Sie die Aufmerksamkeit auf weitere Ressourcen im Unternehmen.
Wo und wie werden Sie weiter lernen?	Hier lenken Sie den Fokus auf die Eigenverantwortlichkeit des Mitarbeiters in seinem Lernprozess. Stellen Sie die Frage bewusst in dieser offenen Form, die eine Vielzahl von Antwortmöglichkeiten zulässt.
Was hätten Sie dazu gerne von uns?	Hiermit bieten Sie Unterstützung durch das Unternehmen an. Sagen Sie bei ungewöhnlichen Wünschen nicht sofort zu, sondern bitten Sie sich eine Bedenkzeit aus.
Wenn Sie selbst hier Ausbilder wären, was wäre die erste wichtige Änderung für die Ausbildung, die Sie einführen würden?	Mit dieser Frage zeigen Sie, dass Sie an der Meinung Ihres Mitarbeiters interessiert sind, und erhalten hilfreiche Anregungen für Umstrukturierungen.

☛ Mögliche Fallstricke

Vermeiden Sie Vorträge über »richtiges Lernen«, verbunden mit Ratschlägen und Tipps!
Jede Person lernt anders!
Es ist weit effizienter, den individuellen Lernprozess Ihres Mitarbeiters durch Fragen zu fördern und zu unterstützen.

Ablehnung einer Beförderung

Grundlagen

Der Wunsch nach einer Beförderung spricht für Selbstbewusstsein, Karriereplanung und Interesse an der Arbeit.
Einen solchen Wunsch abgelehnt zu bekommen, ist stets frustrierend.
Sie als Führungskraft sollten vor einem solchen Gespräch genau überlegen, wie Ihre weiteren Pläne für die Person Ihrer Mitarbeiterin aussehen:

- Können Sie auf diese Mitarbeiterin auch verzichten? Dann sollten Sie ihr die Absage freundlich und unter ausdrücklicher Würdigung ihrer übrigen Arbeit vermitteln.
- Ist Ihre Mitarbeiterin besonders wertvoll für das Unternehmen und möchten Sie ungern auf Sie verzichten? Dann sollten Sie im Gespräch in Erfahrung bringen, ob das bessere Gehalt, die größere Verantwortung oder der Wunsch nach einer Vorgesetztenposition das wichtigste Motiv für den Beförderungswunsch waren. Sie sollten überlegen, in welcher Hinsicht Sie diesen Wünschen entgegenkommen können.
- Ist Ihre Mitarbeiterin grundsätzlich oder unter bestimmten Bedingungen für eine Beförderung geeignet, aber im Moment noch nicht? Dann planen Sie mit ihr konkrete erste Schritte. Zeigen Sie realistische Möglichkeiten zur Weiterentwicklung in Ihrem Unternehmen auf und übertragen Sie probeweise Verantwortung, aber nur, falls Perspektiven für einen Aufstieg existieren.

Ziele des Gesprächs

Ihre Mitarbeiterin soll im Gespräch

- deutlich verstehen, dass ihr Beförderungswunsch abgelehnt ist,
- gegebenenfalls (s. o.) Gelegenheit erhalten, zu formulieren, was eine Beförderung für sie attraktiv macht,
- gegebenenfalls (s. o.) die Aussichten und Bedingungen für eine spätere Beförderung erfahren.

Gesprächsbausteine

Gesprächsbaustein	Hinweise
Frau Grau, Sie haben sich für die Stelle als Abteilungsleiterin beworben. Sie sind eine bewährte Kraft und haben Interesse, sich beruflich weiterzuentwickeln. Wir haben uns jedoch entschieden, diese Stelle mit einer führungserfahrenen Kraft zu besetzen. Das ist sicher enttäuschend für Sie. Für uns war ausschlaggebend, dass ...	Geben Sie Ihrer Mitarbeiterin Zeit, diese unangenehme Mitteilung zu verdauen. Falls Ihre Mitarbeiterin offensichtlich zu gekränkt oder verärgert ist, um heute das Gespräch fortzusetzen, kann eine Gesprächspause hilfreich sein; setzen Sie das Gespräch am nächsten Tag fort.
Sie haben gute Fachkenntnisse und sind stets über die neuesten Entwicklungen informiert. Ich sehe in Zukunft durchaus andere Aufstiegsmöglichkeiten für Sie.	Sie stellen nur wirklich realistische Perspektiven vor. Halten Sie andernfalls die unangenehme Situation aus.
Was an der Beförderungsstelle war besonders interessant für Sie? Könnten wir das nicht auch außerhalb dieser Stelle realisieren?	
Ich möchte, dass Sie Ihre Führungsfähigkeiten in Fortbildungen weiterentwickeln. Danach können Sie als ersten Schritt die Betreuung der PraktikantInnen übernehmen.	Wenn Sie die Mitarbeiterin fördern wollen, überlegen Sie, wie Sie ihr konkret praktische Gelegenheiten dafür schaffen.
Ich werde im nächsten Jahr gerne noch einmal ein Gespräch zu Ihrer Karriereplanung mit Ihnen führen.	

Mögliche Fallstricke

Sie bieten Ihrer Mitarbeiterin bereits einen guten Arbeitsplatz. Lassen Sie sich also nicht von einem schlechten Gewissen verleiten, unbedachte Zusagen für weitere Aufstiegsmöglichkeiten zu machen.

Beförderungsgespräch

Grundlagen

Ihr Mitarbeiter hat sich um eine Beförderungsstelle beworben und ist von Ihnen ausgewählt worden. Beförderungsgespräche sind in der Regel angenehme Gespräche. Es gibt einen Anlass, die Leistungen eines Mitarbeiters gebührend zu feiern und richtig zu loben. Das Gespräch hilft dem Mitarbeiter, eine neue Phase seiner beruflichen Laufbahn zu beginnen und die Schwelle eines Übergangs zu markieren. Aus einem Beförderungsgespräch sollte ein Mitarbeiter stolz und motiviert herausgehen und sich auf die neuen Aufgaben freuen.

Ziele des Gesprächs

Ihr Mitarbeiter soll in diesem Gespräch erfahren,

- dass Sie ihm gratulieren und sich über die Beförderung freuen,
- welches die Gründe für die Beförderung waren und
- dass Sie ihm diese neue Aufgabe voll und ganz zutrauen.

Gesprächsbausteine

Gesprächsbaustein	Hinweise
Herr Gold, ich habe eine gute Nachricht für Sie. Sie haben sich um die Stelle als ... beworben und wir haben Sie für diese Stelle ausgewählt. Herzlichen Glückwunsch.	Werden Sie ruhig körperlich aktiv, stehen Sie auf, schütteln Sie die Hände usw. und zeigen Sie, dass Sie sich mit ihm freuen.
Ich war von Anfang an der Meinung, dass genau Sie der Richtige für die Stelle als ... sind.	Machen Sie deutlich, dass auch Sie persönlich sich für die Beförderung Ihres Mitarbeiters eingesetzt haben und seine Kompetenz, sein Engagement und seine Loyalität schätzen.
Ich finde, gerade Sie verdienen diese neue Aufgabe, weil ...	Nennen Sie möglichst konkrete Dinge, die Ihr Mitarbeiter getan hat, oder geben Sie Beispiele für seine persönlichen Stärken.

Jetzt möchte ich zunächst einmal wissen, worauf Sie sich als Leiter von ... am meisten freuen.	Lassen Sie Ihrem Mitarbeiter ruhig Zeit für die Antwort, denn er überlegt vielleicht jetzt zum ersten Mal, was ihn daran freut!
Wenn Sie an Ihre neue Aufgabe denken – was trauen Sie sich schon jetzt sicher zu?	Hören Sie interessiert zu, machen Sie zustimmende Gesten oder Kurzäußerungen, diskutieren Sie nicht.
Welche Informationen brauchen Sie schon jetzt gleich am Anfang?	So klären Sie ab, was Ihr Mitarbeiter wünscht.
Was werden Sie bei Ihrer neuen Aufgabe erst einmal langsam angehen?	Diese »Bremse« empfiehlt sich vor allem bei übereifrigen Mitarbeiterinnen und Mitarbeitern.
Ich bin zuversichtlich, dass Sie Ihre Sache gut machen.	Machen Sie Komplimente und bestärken Sie Ihren Mitarbeiter.

☛ Mögliche Fallstricke

Vielen Menschen fällt es schwer, ihre Erfolge zu feiern. Helfen Sie ruhig dabei. Betonen Sie die Verdienste Ihres Mitarbeiters, die zur Beförderung geführt haben.

Beurteilungsgespräch

Grundlagen

Beurteilungen von Mitarbeiterinnen und Mitarbeitern sind in einer Vielzahl von Unternehmen und Organisationen fester und verbindlicher Bestandteil von Personalführung und Personalentwicklung.

Vorteile von Beurteilungen liegen in der klaren Rückmeldung zu Leistung und Verhalten, Überprüfung von vereinbarten Zielen. Sie machen Aufstiegs- und Entwicklungsmöglichkeiten deutlich und begründen unterschiedliche Gehaltsstrukturen.

Beurteilungen haben jedoch auch unübersehbare **Nachteile**:

Mitarbeiterinnen und Mitarbeiter werden in die Rolle eines »Schülers« zurückversetzt, der Noten erhält, was manchmal Konkurrenz und Neid zwischen Mitarbeiterinnen und Mitarbeitern schürt.

Der Blick durch die Brille weniger Kriterien lenkt die Aufmerksamkeit zu häufig auf »Schwächen«, die im praktischen Arbeitsalltag durch Stärken kompensiert werden.

Um einige dieser Nachteile zu vermeiden, schlagen wir Ihnen vor:

Entwickeln Sie die Beurteilungskriterien, wenn irgend möglich, gemeinsam mit Ihren Mitarbeiterinnen und Mitarbeitern, am besten im Team (siehe auch »Stellenbeschreibung im Team«). Die investierte Zeit lohnt sich, da hier gemeinsam entwickelt wird, was die Qualität der Arbeit in Ihrem Unternehmen ausmacht.

Klären Sie Ihre Position zu Beurteilungsgesprächen. Drängen Sie in Ihrem Unternehmen darauf, dass die Form der Beurteilungen vertretbar ist. **Sie** müssen im Beurteilungsgespräch klar und sicher sein, sonst überwiegen die Nachteile.

Ziele des Gesprächs

Ihre Mitarbeiterin soll im Gespräch

- ihre eigene Beurteilung formulieren und vertreten,
- Ihre Einschätzung kennen lernen,
- Gelegenheit erhalten, Sie in einigen Punkten zu überzeugen,
- die Sicherheit erhalten, dass beide Beurteilungen weitergegeben werden.

Gesprächsbausteine

Gesprächsbaustein	Hinweise
Ich danke Ihnen, Frau Pink, dass Sie Ihren Bogen bereits ausgefüllt haben. Wir können nun unsere Einschätzungen vergleichen. Lassen Sie uns nun zunächst festhalten, wo wir Übereinstimmungen haben. Wo haben Sie welche gefunden?	Sie selbst und Ihre Mitarbeiterin bearbeiten den Beurteilungsbogen getrennt vor dem Gespräch. In unserem Modell werden jedoch keine »Noten« vergeben, sondern die einzelnen Beurteilungskriterien werden in eine Rangliste gebracht. Zu Beginn des Gesprächs gibt es eine Lesepause.
Ja, Ihre stets aktuellen Fachkenntnisse habe ich auch auf Platz 1 gesetzt. In diesem Punkt sind Sie unschlagbar!	Die Rangliste ordnet die Kriterien wie folgt: 1. Hier bin ich am besten 2. Das ist meine zweitbeste Eigenschaft 3. usw. Zuletzt: Das liegt mir weniger. Die Rangliste ersetzt das übliche Punktesystem.
Ich sehe auch Unterschiede. Es liegt in der Natur der Sache, wenn wir verschiedene Perspektiven haben.	Hiermit betonen Sie, dass Beurteilungen personengebunden sind. Es gibt keine »objektive« Beurteilung.
Mich überrascht, dass Sie Kundenfreundlichkeit auf Platz 8 setzen. Für mich sind Sie gerade in diesem Punkt ein Vorbild.	Betonen Sie zunächst, wo Sie Stärken sehen, die Ihre Mitarbeiterin so nicht an sich sieht.
Ihre Produktivität haben Sie sehr hoch eingeordnet. Was könnte es sein, das ich bisher noch nicht gesehen habe?	Lassen Sie sich abweichend hohe Selbstbeurteilungen erläutern und begründen. Seien Sie offen für neue Informationen und Eindrücke.
Aus unseren beiden Beurteilungsbögen werde ich einen neuen erstellen, der Gemeinsamkeiten und Abweichungen auflistet. Beide gehen ans Personalbüro und Sie erhalten eine Kopie.	In einem gemeinsamen Beurteilungsbogen auch die Gemeinsamkeiten optisch aufzuführen macht das Gesprächsergebnis auch sinnlich fassbar.

☛ Mögliche Fallstricke

Streiten Sie mit Ihren Mitarbeiterinnen und Mitarbeitern nicht über unterschiedliche Bewertungen und Eindrücke. Nennen Sie Ihre Argumente, hören Sie auch die des Mitarbeiters an, aber lassen Sie bei Dissens beide gleichberechtigt nebeneinander stehen.

Delegationsgespräch

Grundannahmen

Delegation bezeichnet die Übertragung von komplexen Aufgaben, wobei die einzelnen Arbeitsschritte selbstständig von der Mitarbeiterin oder vom Mitarbeiter organisiert werden. Delegation von Arbeitsaufträgen ist (nur) dann sinnvoll, wenn Ihre Mitarbeiter die Fähigkeiten und die grundsätzliche Bereitschaft haben, diese Aufgabe zu erledigen. Wichtig ist bei Ihrem Delegationsauftrag ein klares Ziel. Delegieren ist ein erfolgreiches Verfahren, die Kompetenzen und Fähigkeiten einer Mitarbeiterin oder eines Mitarbeiters zu entwickeln und selbst Zeit für andere wichtige Aufgaben zu gewinnen.

Ziele des Gesprächs

Der Mitarbeiter soll am Ende des Gesprächs

- das Arbeitsziel klar verstanden haben,
- klare Termine und den Ergebnisstandard mit Ihnen vereinbart haben,
- Lust haben, die Aufgabe erfolgreich anzupacken.

Gesprächsbausteine

Gesprächsbaustein	Hinweise
Hallo, Herr Blau, Sie wissen, wie zufrieden ich mit Ihren Ideen zum neuen Fortbildungsprogramm bin. Sie haben eine sichere Hand in der Auswahl der Referenten und Themen und ich schlage vor, dass Sie das neue Programm übernehmen.	Orientieren Sie Ihren Mitarbeiter kurz über das Gesprächsthema. Loben Sie ehrlich, was Ihnen gefällt. Bestärken Sie besonders die Fähigkeiten oder persönliche Stärken, die Ihr Mitarbeiter zur erfolgreichen Zielerreichung einsetzen kann.
Mein Ziel ist es, dass Sie das Programm eigenständig bis Ende November erstellen und den Druck bis zum Jahresende organisieren.	Beschreiben Sie Arbeitsziel, Arbeitsaufgabe und gegebenenfalls Zwischentermine knapp, präzise und anschaulich.
Was reizt oder interessiert Sie an dieser Aufgabe?	Achten Sie darauf, was Ihren Mitarbeiter motiviert und wo Bedenken

	liegen. Überlegen Sie mit Ihrem Mitarbeiter, welche Lösungen seine Bedenken zerstreuen. Stärken Sie mit Komplimenten und ermuntern Sie, neue Erfahrungen zu machen.
Welche ersten Ideen haben Sie, wie Sie die Planung angehen?	Lassen Sie Ihren Mitarbeiter die Aufgabe schon einmal vorweg im Kopf angehen! Äußern Sie Zustimmung.
Die Idee mit der Mitarbeiterbefragung finde ich ausgezeichnet. Ich sehe, dass Sie der richtige Mann für diese Aufgabe sind.	Machen Sie klar, dass Sie Ihren Mitarbeiter für den Richtigen halten.
Sind Sie damit einverstanden, das Programm verantwortlich zu übernehmen? Gut. Ich danke Ihnen für Ihre Bereitschaft, unserem Fortbildungsprogramm neue Impulse zu geben.	Holen Sie sich das Okay Ihres Mitarbeiters. Das Delegieren von Aufgaben ohne Einverständnis geht meist schief. Zögert Ihr Mitarbeiter, verkleinern Sie den Delegationsauftrag, delegieren Sie erste Schritte und wiederholen Sie das Gespräch zu einem späteren Zeitpunkt.
Listen Sie mir bitte bis zur nächsten Woche auf, welche Informationen Sie noch benötigen.	Stellen Sie so oder anders sicher, dass Ihr Mitarbeiter seine Aufgabe genau verstanden hat.

☛ Mögliche Fallstricke

Überprüfen Sie, ob Sie Ihrem Mitarbeiter genug Kompetenz, Macht und Ressourcen zur erfolgreichen Bewältigung dieser Aufgabe geben. Sind die anderen Mitarbeiterinnen und Mitarbeiter und Führungskräfte informiert?

Finger weg, wenn Sie eine Arbeit delegiert haben! Ihr Mitarbeiter hat seinen eigenen Stil. Kontrollaktionen signalisieren mangelndes Vertrauen und wirken demotivierend.

Einarbeitungsgespräch

Grundlagen

Neue Mitarbeiterinnen und Mitarbeiter sind in der Regel sehr motiviert. Sie möchten ihre Kenntnisse und Ideen zum Wohle des Unternehmens einsetzen, dort ihren unverwechselbaren Platz und Anerkennung finden und möchten stolz auf ihre Arbeitsergebnisse sein.

In der Einarbeitungszeit braucht Ihre neue Mitarbeiterin oder Ihr neuer Mitarbeiter zunächst einen sicheren Rahmen für ihre bzw. seine Arbeit, ehe sie oder er mit Kreativität und guter Arbeitsleistung zum Erfolg des Ganzen beiträgt. Sorgen Sie dafür, dass der Arbeitsplatz vorbereitet ist und AnsprechpartnerInnen zur Einarbeitung zur Verfügung stehen.

Jede Mitarbeiterin, jeder Mitarbeiter arbeitet sich anders ein. Geben Sie eine klare Struktur vor, aber lassen Sie den Mitarbeiter entscheiden, ob und wie lange er hospitiert, bis er eigenständig Aufgaben übernimmt.

Fördern Sie bereits in der Einarbeitungszeit eine gute Orientierung, indem Sie einführende Praktika in anderen Abteilungen vorsehen.

Nutzen Sie die Fähigkeiten und Kompetenzen der vorhandenen Mitarbeiter, um die neue Mitarbeiterin, den neuen Mitarbeiter einzuführen (z. B. indem eine Mitarbeiterin als »Patin« Ansprechpartnerin im Einarbeitungsprozess ist).

Neue Mitarbeiterinnen und Mitarbeiter haben einen unverbrauchten Blick ohne »Betriebsblindheit«. Sie stellen oft die interessantesten Fragen und können unsinnige Verfahren und festgefahrene Gewohnheiten schneller entlarven. Nutzen Sie die Ideen und Vorschläge.

Führen Sie regelmäßig Gespräche, um die Einarbeitungszeit zu begleiten.

Ziele des Gesprächs

Ihre Mitarbeiterin soll im Gespräch

- ihre Fortschritte reflektieren,
- eigene Qualitäten und Fähigkeiten sowie Ressourcen im Unternehmen erkennen und
- äußern, was sie noch braucht, um optimal arbeiten zu können.

Gesprächsbausteine

Gesprächsbaustein	Hinweise
Hallo, Frau Bronze, zunächst möchte ich wissen: Was an Ihrer neuen Arbeitsstelle gefällt Ihnen gut?	Mit dieser und den folgenden Formulierungen machen Sie deutlich, dass am Anfang nicht alles glatt läuft, und lenken das Interesse auf die positiven Seiten.
Was ging in der Einarbeitung bisher leichter, als Sie es sich vorgestellt hatten?	Einarbeitung ist gerade für erfolgsgewohnte Menschen eine harte Zeit. Das erkennen Sie mit dieser Formulierung an.
Welche Ihrer Kenntnisse und Vorerfahrungen konnten Sie schon gut einsetzen?	Hier erkennen Sie an, dass Ihre Mitarbeiterin zwar noch neu in Ihrer Organisation ist, aber bereits vielfältige Erfahrungen hat.
Wer und was ist bei der Einarbeitung besonders nützlich?	Lassen Sie Ihrer Mitarbeiterin Zeit bei der Beantwortung dieser Frage. Sie erfahren viel zu Ressourcen in Ihrem Betrieb.
Was brauchen Sie noch von uns, um sich weiter einzuarbeiten?	Mit dieser Formulierung machen Sie deutlich, dass nicht nur die neue Mitarbeiterin, sondern das ganze Unternehmen für eine gute Einarbeitung zuständig sind.
Gerade als neue Kraft sind uns Ihre Anregungen willkommen. Vielleicht haben Sie bereits – egal wie kleine – Vorschläge für Verbesserungen an Ihrem Arbeitsplatz?	Diese Frage wird bewusst offen gestellt. Sie signalisieren Offenheit für Gestaltung durch die neue Mitarbeiterin, wollen aber jetzt noch keine Vorschläge um jeden Preis.

☛ Mögliche Fallstricke

Jeder neue Mitarbeiter und jede neue Mitarbeiterin hat seine bzw. ihre eigene Art zu lernen und den neuen Arbeitsplatz zu füllen.
Dieses Gespräch soll dazu dienen, die individuelle Art zu unterstützen. Dabei wirken Belehrungen und hilfreiche Tipps (wie fachkundig auch immer) leicht besserwisserisch, schwächen das Selbstbewusstsein und erschweren den Aufbau eines guten Arbeitsverhältnisses.

Grundlagen

Ein erfolgreiches Einstellungsgespräch klärt, ob ein Bewerber sich für diese Stelle eignet oder nicht.

Ein genaues Anforderungsprofil für die Bewerberinnen und Bewerber unterstützt die Auswahl. Schaffen Sie sich einen Überblick über die Kriterien, die Bewerber erfüllen **müssen**, und solche, die zur Absage führen (**NoNos**). Dazu beschreiben Vorgesetzte, Team und wichtige interne Kooperationspartner, welche Fach-, Methoden- und Sozialkompetenzen eine Bewerberin, ein Bewerber mitbringen soll. Nach erfolgter Vorselektion im Bewerbungsverfahren ist es hilfreich, gezielt eigene Gesprächsbausteine für das Interview vorzubereiten, um genau über diese Kernkompetenzen Informationen zu sammeln.

Ziele des Gesprächs

Sie sollten im Gespräch

- für eine partnerschaftliche und stressfreie Atmosphäre sorgen,
- Informationen sammeln, die eine Auswahl ermöglichen,
- die Bewerber kennen lernen und sich ein Bild über die Eignung machen.

Gesprächsbausteine

Gesprächsbaustein	Hinweise
Herr Flieder, als Abteilungsleiter freue ich mich, Sie hier im Gespräch persönlich kennen zu lernen. Ihre Bewerbung war sehr ansprechend. Gefallen/Interessiert hat uns besonders ... Haben Sie gut zu uns gefunden ... unsere Broschüre erhalten ...?	Sorgen Sie für eine angenehme, ruhige Atmosphäre. Knüpfen Sie an Positivem an. Bitten Sie andere Beteiligte, sich kurz vorzustellen. BewerberInnen haben meist Angst, Fragen nicht beantworten zu können. Stellen Sie zu Beginn zwei, drei einfache Fragen, die mit »Ja« oder die kurz beantwortet werden können. Das macht sicher im Gespräch.
Zuächst möchte Ich Ihnen beschreiben, welche Aufgabe Sie übernehmen würden: ...	Stellen Sie sich, das Unternehmen und die künftige Aufgaben vor. Sprechen Sie zwischendurch den Bewerber mit Namen an, geben Sie Zeit zum Warmwerden.

Herr Flieder, was an Ihnen und Ihrem beruflichen Hintergrund passt gut zu unserer Stelle?	Hören Sie zunächst zu. Achten Sie darauf, welche Informationen der Bewerber auswählt, wie er sich präsentiert. Sie machen deutlich, dass Sie nicht den Bewerber bewerten und prüfen, sondern feststellen, wie er zu Ihrer Stelle passt.
	Stellen Sie offene Fragen entlang der Kriterien zum Anforderungsprofil, z. B.
Wie sieht ein normaler Arbeitstag jetzt bei Ihnen aus?	**Praxishintergrund/ bisherige Position**
Was macht Sie zufrieden mit Ihrer Arbeit jetzt ... was wollen Sie verändern? Was reizt Sie an dieser Aufgabe? Was macht Ihnen Spaß in der Freizeit?	**Motivation und Interessen**
Was bedeutet für Sie gute Teamarbeit? Was war Ihre letzte gute Erfahrung in Teamarbeit?	**Teamarbeit**
Nun, Herr Flieder, was ist Ihnen zum Abschluss des Gesprächs noch wichtig? Ich danke Ihnen und ...	Hier kann Ihr Bewerber noch Kompetenzen zeigen, die ihm wichtig sind. Bedanken Sie sich und informieren Sie über das weitere Verfahren.

☛ Mögliche Fallstricke

Machen Sie sich klar, dass die meisten BewerberInnen mit einer Absage rechnen müssen. Machen Sie diese belastende Situation leichter, indem Sie insgesamt eine respektvolle und freundliche Atmosphäre schaffen und positives Feedback ins Gespräch einbauen. Freundliche und termingerechte Absagen sollten eine Selbstverständlichkeit sein.
Verlieren Sie sich nicht in Detailfragen, sondern verschaffen Sie sich einen Gesamtüberblick. Halten Sie Informationen in einer Checkliste fest.

Familiengespräch

Grundlagen

Ein zufriedenstellendes Familienleben und ein zufriedenstellender Arbeitsplatz unterstützen sich gegenseitig. Ist die Familie dagegen mit den Besonderheiten des Arbeitsplatzes unzufrieden und findet sie ihre Bedürfnisse im Arbeitsleben nicht berücksichtigt, werden negative Aspekte des Arbeitsplatzes häufig zum Gesprächsthema in der Familie.

Die Familie und die Lebenspartnerin werden Ihren Mitarbeiter ermutigen, sich nach einer anderen und günstigeren Arbeitsstelle umzusehen – ein großer Verlust für Ihre Organisation.

Etablieren Sie als innovatives Element Familien- und Partnergespräche.

Laden Sie dazu alle Mitarbeiterinnen und Mitarbeiter sowie die Familienmitglieder und Lebenspartner zu einem gemeinsamen Gedankenaustausch ein. So zeigen Sie, dass Sie Ihre Verantwortung auch gegenüber den Familien sehen und Wert auf die Meinungen von Menschen legen, die durch den Arbeitsalltag in Ihrer Organisation direkt betroffen sind.

Brechen Sie das Eis durch einen offenen Teil, bei dem Sie die Eingeladenen bewirten. Fühlen sich die meisten wohl, sammeln Sie die Aufmerksamkeit für den Besprechungsteil.

Eine gute Form ist es, die Eingeladenen anzuregen, in Kleingruppen (hier äußern sich auch die Stilleren!) die folgenden Leitfragen zu besprechen und Ergebnisse und Ideen im Plenum vorzustellen.

In einem Brief können Sie nach einiger Zeit mitteilen, welche Anregungen Sie aufgenommen haben. Wichtig: Verteidigen Sie sich in der Regel nicht, wenn Anregungen nicht aufgenommen wurden.

Ziele der Zusammenkunft

Die Familienangehörigen und Lebenspartner sollen

- Ihre Organisation kennen lernen,
- erfahren, dass auch sie »dazu gehören« und wichtig sind,
- Lob, Kritik und Anregungen äußern können.

Gesprächsbausteine

Gesprächsbaustein	Hinweise
Bei aller Orientierung an Erfolg und Gewinn ist uns wichtig, dass wir ein familienfreundlicher Betrieb sind und unsere Arbeitsbedingungen ein gutes Privatleben ermöglichen. Deshalb ist uns Ihre Meinung wichtig.	Mit dieser Einleitung zeigen Sie, dass Sie die Wichtigkeit der Lebensbeziehungen anerkennen und Wert auf Anregungen legen.
Uns interessiert zunächst: Was an den Umständen der Arbeit bei uns ist für Sie als Familie so günstig und gut, dass wir es auf keinen Fall ändern sollten?	Stellen Sie in jedem Fall erst Fragen nach den positiven Seiten! Sie sorgen damit für eine konstruktive Grundstimmung im Austausch.
Was ist für Sie vorteilhaft daran, dass Ihr Partner bei uns und nicht bei einer anderen Firma in unserem Bereich arbeitet?	Sie erhalten zusätzlich wertvolle Informationen, was gegebenenfalls die Arbeit in Ihrer Organisation attraktiv macht.
Was in unserer Arbeitsorganisation ist für Sie in der Familie manchmal schwierig?	Hier erhalten die Familien Gelegenheit, kritische Punkte offen anzusprechen.
Was haben Sie für Ideen, wie die Bedürfnisse der Familie und des Betriebes besser abgestimmt werden könnten?	Sie werden staunen, welch konstruktive und realistische Vorschläge Sie erhalten werden.

☛ Mögliche Fallstricke

Vermeiden Sie einen gönnerhaften Ton und unnötigen Smalltalk. Zeigen Sie ein ernsthaftes Interesse an der ExpertInnen-Meinung aus der Familie.

Lassen Sie die Gesprächsergebnisse nicht »versanden«. Geben Sie Rückmeldungen, welche Anregungen und Ideen Sie weiterverfolgen.

Achten Sie in der Moderation darauf, dass einzelne Meinungen aus den Kleingruppen anonym bleiben können.

Feedbackgespräch

Grundlagen

Anerkennende und kritische Rückmeldungen sind selbstverständlicher Bestandteil Ihrer Aufgabe als Führungskraft. Damit dieses Feedback konstruktiv wirken kann, beachten Sie folgende Hinweise:

Führen Sie Feedbackgespräche in regelmäßigen Abständen, nicht erst beim Vorliegen eines Problems.

Betonen Sie im Gespräch die Fähigkeiten und Kompetenzen der Mitarbeiterin. Werfen Sie vor dem Gespräch einen Blick in Ihre Kompetenzkartei.

Machen Sie deutlich, dass gerade innovatives und kreatives Arbeiten ohne Fehler und Schwierigkeiten nicht möglich ist. Fehler und Schwierigkeiten sind ein wichtiges Lernfeld bei neuen Initiativen und Erfahrungen.

Bleiben Sie auch bei kritischen Anmerkungen stets respektvoll, wohlwollend und freundlich und erfragen Sie, was Ihr Mitarbeiter von Ihnen braucht.

Ziele des Gesprächs

Ihr Mitarbeiter soll im Gespräch

- erkennen, dass Sie aufmerksam sind und Interesse an seiner Arbeit haben,
- Stärken und verbesserungsfähige Bereiche selbst benennen,
- ehrliches und konkretes Lob für Gelungenes hören,
- eigene Verbesserungsvorschläge machen.

Gesprächsbausteine

Gesprächsbaustein	Hinweise
Herr Türkis, ich freue mich, dass wir das Projekt B. abgeschlossen haben. Mir hat besonders Ihre Zuverlässigkeit gefallen. Sie haben auch in turbulenten Zeiten einen klaren Kopf behalten und alle Projektmitarbeiter konnten sich auf Sie verlassen.	Leiten Sie das Feedbackgespräch mit einem konkreten und ehrlichen Lob ein.
Was war aus Ihrer eigenen Sicht besonders gelungen am Projekt und wo sehen Sie persönlich Be-	Hören Sie den Ausführungen Ihres Mitarbeiters interessiert zu. Neben der Information über Gelungenes

reiche, wo Sie selbst und die Firma noch etwas verbessern können?	wird der Mitarbeiter vielleicht selbst Bereiche anschneiden, die Sie für kritisch halten.
Ihre Anregungen und Ideen überdenke ich gern. Lassen Sie nun auch mich eine Anregung machen: Wir hatten schwierige und anspruchsvolle Kunden, die es Ihnen schwer machten, freundlich zu bleiben. Ich dagegen denke, wir sollten auch mit diesen Kunden freundlich und verbindlich umgehen. Welche Ideen haben Sie dazu?	Nach der Rückmeldung durch Ihren Mitarbeiter können Sie – sofern Kritikpunkte anzusprechen sind – diese ins Gespräch einführen. Stellen Sie Ihren eigenen Standpunkt klar, aber freundlich dar. Erfragen Sie die Vorschläge Ihres Mitarbeiters zu diesen Punkten.
Einige Ihrer KollegInnen haben von einer Fortbildung »Schwierige Kunden« sehr profitiert. Was meinen Sie, wie das auch für Sie nützlich sein könnte?	Erwarten Sie nicht, dass Ihr Mitarbeiter Ihre konkreten Vorschläge sofort begeistert aufnimmt. Räumen Sie eine Bedenkzeit ein.
Als Projektleiter bin ich auch an einer ehrlichen Rückmeldung von Ihnen interessiert. Was an meiner Leitung war für Sie nützlich, was könnte ich noch verbessern?	Seien Sie mutig und führen Sie das Feedbackgespräch auf Gegenseitigkeit. Ihre Mitarbeiterinnen und Mitarbeiter werden es Ihnen danken!
Insgesamt bin ich mit dem Projekt und Ihrer Leistung dort sehr zufrieden, Herr Türkis. Ich freue mich, dass Sie in unserem Team mitarbeiten.	Schließen Sie das Gespräch mit einem ehrlichen Lob ab.

☛ Mögliche Fallstricke

Wenn bei kritischen Punkten Ihr Mitarbeiter anderer Meinung ist, vermeiden Sie Diskussionen, die dem kritischen Punkt ein unangemessenes Gewicht geben.
Falls es sich um einen wichtigen Bereich handelt und sich keine Verbesserung ergibt, führen Sie zu diesem Bereich später ein eigenes Kritikgespräch.

Fehlzeitengespräch

Grundlagen

Fehlzeiten sind alle außerplanmäßigen Abwesenheiten Ihrer Mitarbeiterinnen und Mitarbeiter (durch Krankheit, Zuspätkommen, Ausdehnen der Pausen, Abwesenheit vom Arbeitsplatz).
Durch ein Gespräch signalisieren Sie Interesse für Ihre Mitarbeiterinnen und Mitarbeiter und machen zusätzlich deutlich, dass Sie Fehlzeiten im Auge behalten.
Bei unentschuldigtem Zuspätkommen und Fehlen sollten Sie die Gründe erfragen. Es ist durchaus möglich, dass Ihr Mitarbeiter zur Zeit besonderen Belastungen ausgesetzt ist. Möglich ist aber auch, dass die Arbeitszufriedenheit Ihres Mitarbeiters abgenommen hat und die Fehlzeiten einen Hinweis auf eine »innere Kündigung« darstellen.
Häufige Fehlzeiten wegen Arbeitsunfähigkeit haben manchmal ihren Grund in belastenden oder konflikthaften Arbeitsumständen und Arbeitsbedingungen, die die Gesundheit oder Motivation Ihres Mitarbeiters beeinträchtigen.

Ziele des Gesprächs

Ihr Mitarbeiter soll im Gespräch

- erfahren, dass Sie an seinen Arbeitszeiten, seiner Arbeitszufriedenheit und seiner Gesundheit interessiert sind, aber auch auf einen guten und geregelten Arbeitsablauf Wert legen,
- besondere private Belastungen darstellen können, falls er dies wünscht,
- gegebenenfalls besondere Bedingungen und Belastungen identifizieren, die ihn gesundheitlich angreifen bzw. Fehlzeiten verursachen,
- mit Ihnen gemeinsam Verbesserungsvorschläge entwickeln.

Gesprächsbausteine

Gesprächsbaustein	Hinweise
Herr Azur, ich mache mir Sorgen um Ihre Gesundheit. Sie sind eine bewährte Kraft im Personalbüro und waren jetzt zum dritten Mal in diesem Jahr länger krank.	Stellen Sie die ehrliche Sorge um die Gesundheit Ihres Mitarbeiters in den Mittelpunkt.

Das kann jedem Mitarbeiter passieren. Häufig tragen aber auch besondere Belastungen und Umstände am Arbeitsplatz dazu bei, dass es einem Mitarbeiter gesundheitlich nicht gut geht. Welche sind das bei Ihnen?	Bitten Sie den Mitarbeiter, gegebenenfalls belastende Umstände der Arbeit zu benennen.
Welche Veränderungen und Verbesserungen können Sie mir vorschlagen, die dazu beitragen können, dass Sie sich wohl fühlen und gesund bleiben?	Stellen Sie diese Frage auch, wenn der Mitarbeiter vorher verneint hat, dass es krankmachende Umstände in seinem Arbeitsbereich gibt. Hier ergeben sich oft hilfreiche Ideen und Vorschläge.
Herr Oliv, Sie kommen in letzter Zeit nur noch selten morgens pünktlich zur Arbeit. In der letzten Woche habe ich Sie mehrfach auch nach der Mittagspause nicht erreichen können. Das kenne ich nicht an Ihnen. Haben Sie zur Zeit ungewöhnliche Belastungen? Oder gibt es Umstände an Ihrer Arbeit, die Sie unzufrieden machen?	Mit dieser Formulierung machen Sie deutlich, dass Sie Ihren Mitarbeiter in der Vergangenheit stets als zuverlässig betrachtet haben und dass Sie davon ausgehen, dass für die derzeitigen Fehlzeiten ungewöhnliche Umstände vorliegen müssen.
Mich interessiert, was wir tun können, um Ihnen Ihre alte Arbeitsfreude wiederzugeben.	Stellen Sie diese Frage auch, wenn der Mitarbeiter vorher verneint hat, dass Umstände in der Arbeit seine Fehlzeiten fördern. Hier ergeben sich oft hilfreiche Ideen und Vorschläge.

☛ Mögliche Fallstricke

Auch wenn Sie bei krankheitsbedingten Fehlzeiten einen Missbrauch vermuten, sollten Sie dies nur bei ganz konkreten Anhaltspunkten äußern. Im Falle eines tatsächlichen Missbrauchs reicht oft das Interesse, das Sie zeigen, um einen Mitarbeiter zu mehr Disziplin zu motivieren.

§ Falls Sie wegen häufiger Krankheitszeiten eine Kündigung ins Auge fassen, lassen Sie sich zunächst über die engen rechtlichen Bestimmungen beraten und führen Sie erst dann ein entsprechendes Mitarbeitergespräch.

Grundlagen

Als gute Führungskraft haben Sie die Potenziale und Entwicklungsmöglichkeiten der Mitarbeiterinnen und Mitarbeiter im Blick und unterstützen sie bei ihrer Karriereplanung. Sie schaffen neue Herausforderungen und Perspektiven, fördern Lernbereitschaft und Initiative. So schaffen Sie auch Loyalität mit dem Unternehmen. Gezielte Förderung eigener Nachwuchskräfte schafft zusätzliche Sicherheit, wenn Sie bestimmte Positionen intern besetzen wollen.

Die optimale Grundlage für Fördergespräche ist ein gutes Vertrauensverhältnis.

Ziele des Gesprächs

Ihre Mitarbeiterin soll am Ende des Gesprächs

- wissen, dass Sie ihre Fähigkeiten und Potenziale fördern wollen,
- eigene Ideen für die berufliche Zukunft entwickelt haben,
- über Möglichkeiten innerbetrieblicher Chancen informiert sein.

Gesprächsbausteine

Gesprächsbaustein	Hinweise
Frau Rosa, ich bin sehr zufrieden mit Ihrer Arbeit und der Art wie Sie ... machen/sind. Ich möchte heute mit Ihnen über Ihre berufliche Zukunft sprechen und überlegen, wie ich Sie gezielt fördern kann.	Beginnen Sie auch dieses Gespräch mit einem ehrlichen und konkreten Lob für die bisherige Arbeit.
Zunächst möchte ich aber von Ihnen wissen, was Ihnen an Ihrer Tätigkeit besonders gefällt, was Sie hier im Unternehmen zufrieden macht.	Beachten Sie die besonderen Neigungen oder Vorlieben Ihrer Mitarbeiterin.
Stellen wir uns mal vor, Sie könnten mit einer beliebigen	Schaffen Sie eine lockere Atmosphäre.

Person den Arbeitsplatz tauschen! Welche Person wäre das hier im Unternehmen? Und welche außerhalb? Was würde Sie an dieser Arbeit/dieser Position reizen?	Entwickeln Sie selber Spaß an dieser Idee, die das kreative Potenzial Ihrer Mitarbeiterin öffnet. Signalisieren Sie dennoch ernsthaftes Interesse für die Visionen.
Wenn ich mir Ihre berufliche Zukunft vorstelle, sehe ich Sie als ... vor mir. Was meinen Sie dazu?	Schildern Sie auch Ihre Phantasien – vielleicht ist Ihre Mitarbeiterin ja eher vorsichtig und bescheiden. Schauen Sie, ob Ihre Entwicklungsvorstellungen auf fruchtbaren Boden fallen.
Welche Fähigkeiten bringen Sie schon mit ...? Wo wollen Sie dazulernen?	Notieren Sie in Stichworten die Entwicklungswünsche.
Wie können wir das bewerkstelligen? Was kann ich, können Sie tun? Welche günstigen Gelegenheiten bieten sich ... warten wir ab?	Einigen Sie sich mit Ihrer Mitarbeiterin auf mindestens eine Zukunftsaktivität, die sie ihrem Ziel näher bringt (z. B. Job-Rotation, Fortbildung, außerbetriebliche Praktika).

☛ Mögliche Fallstricke

Ohne Herausforderungen oder Perspektiven werden auch gute Mitarbeiterinnen auf Dauer unzufrieden und demotiviert. Sie einfach in einer Position zu halten, die ihren Fähigkeiten nicht voll entspricht, gelingt nur für kurze Zeit.

Fortbildungsgespräch

Grundlagen

Fortbildungen sind eine gute Möglichkeit, die Fähigkeiten der Mitarbeiterinnen zu fördern und betriebliche Qualitäts- und Leistungsstandards zu erhöhen.

Optimal werden Fortbildungsveranstaltungen durch Gespräche zur Vor- und Nachbereitung begleitet. Das macht auch für die Mitarbeiterinnen deutlich: Fortbildung ist wichtig. Im Vorgespräch stimmen Sie die Mitarbeiterin auf die Seminarsituation ein, machen auf die Lernchancen aufmerksam und beschreiben Ihre Anliegen. Im Nachgespräch wird die Umsetzung in den Arbeitsalltag unterstützt und eine erste Bewertung der Fortbildung geleistet.

Ziele des Gesprächs

Ihre Mitarbeiterin soll am Ende des Vorgesprächs

- positiv auf das Seminar eingestimmt sein,
- Ziele und Inhalte des Seminars kennen,
- eigene Lernwünsche haben und ihre Ziele kennen.

Sie soll am Ende des Nachgesprächs

- eine Einschätzung zum Seminars gemacht haben,
- einzelne Lernanregungen geschildert haben,
- Umsetzung und Transfer vereinbaren.

Gesprächsbausteine

Gesprächsbaustein	Hinweise
Frau Elfenbein, mir gefällt, dass Sie sich aktiv fortbilden. Welche Informationen haben Sie schon zur Fortbildung? Welche Ziele und Inhalte kennen Sie schon? Was interessiert Sie besonders beim Seminar »Telefontraining«?	Knüpfen Sie an vorhandene Information an, die Sie gegebenenfalls durch eigene Informationen (z. B. interne Schulung) ergänzen können.

Für welche Situationen kann Ihnen dieses Seminar nützlich sein?	Konkrete Praxisbeispiele erleichtern das Lernen, weil so Ankerplätze für neues Wissen geschaffen werden.
Stellen Sie sich vor, das Seminar ist ein voller Erfolg, was haben Sie dann gelernt? Ja, das ist aus meiner Sicht auch sehr wichtig. Ja, das spart hier Zeit und Nerven.	Hören Sie interessiert zu und fassen Sie die Lernwünsche der Mitarbeiterin kurz zusammen. Bestärken Sie besonders, was auch Ihren Anliegen entspricht. Vereinbaren Sie ein Nachgespräch.
Frau Elfenbein, wie war denn Ihr Telefontraining?	Seminarauswertungsbögen können als Gesprächshilfe zur Auswertung eingesetzt werden. Bewertet wird z. B.: Erwartungen erfüllt, Praxisnähe, Verständlichkeit des Inhalts, Nutzen und Anregungen.
Was machen Sie weiter wie bisher? Was machen Sie jetzt anders? Welche Anregungen setzen Sie um? Welchen Tipp für ... bringen Sie mit?	Vereinbaren Sie ein bis zwei konkrete Maßnahmen zur Veränderung. Bremsen Sie, wenn zu viel auf einmal in Angriff genommen wird. Vereinbaren Sie schrittweise Aktionen.

☛ Mögliche Fallstricke

Überfrachten Sie eine kurze Fortbildung nicht mit zu hohen Lernerwartungen. Veränderungen vor allem im Verhaltensbereich sind schwer. Gerade wenn Mitarbeiterinnen länger nicht mehr in einer Lernsituation waren, sind Resultate oder Lernergebnisse nicht direkt messbar.

Gehaltsgespräch

Grundlagen

Zu den Aufgaben von Führungskräften gehört es, sich für eine leistungsgerechte Bezahlung der Mitarbeiterinnen und Mitarbeiter einzusetzen und so die Motivation zu erhalten. Andererseits muss die Führungskraft auch die finanziellen Interessen des Betriebs im Auge behalten und kann nicht allen Gehaltswünschen entsprechen.

Sorgen Sie für einen fairen Austausch zwischen Geben und Nehmen. Diese Balance ist nicht immer einfach.

Häufig gehen Gehaltsgespräche von den Mitarbeiterinnen und Mitarbeitern aus und fordern eine direkte Reaktion. Regelmäßige Zielvereinbarungs- und Jahresgespräche, in denen Arbeitszufriedenheit, Arbeitsergebnisse und berufliche Weiterentwicklung Thema sind, bieten hilfreiche Informationen für diese Gespräche, deren Zeitpunkt meist nicht Sie, sondern der Mitarbeiter bestimmt.

In der Regel werden Gehaltsgespräche von Mitarbeitern aus drei Gründen geführt:

- Der Mitarbeiter ist gut und engagiert und möchte eine angemessene Bezahlung.
- Der Mitarbeiter hat von anderen erfolgreichen Gehaltsgesprächen im Betrieb gehört.
- Der Mitarbeiter ist allgemein unzufrieden.

Ihr Mitarbeiter braucht in der Regel Mut, dieses Thema anzusprechen. Das sollten Sie verstärken. Achten Sie darauf, Frust und Demotivation im Gespräch zu vermeiden. Dazu gehört auch, dass Sie die Gehaltswünsche schriftlich festhalten.

Ziele des Gesprächs

Sie sollen in diesem Gespräch

- Informationen und Argumente des Mitarbeiters für eine Gehaltserhöhung sammeln,
- Wertschätzung und Interesse deutlich machen und
- über die Möglichkeiten und Verfahren im Betrieb informieren.

Gesprächsbausteine

Gesprächsbaustein	Hinweise
Herr Pink, Sie möchten über Ihr Gehalt sprechen. Ich werde im Rahmen der Möglichkeiten gemeinsam mit Ihnen überlegen, was wir tun können.	Signalisieren Sie Ernsthaftigkeit und Engagement.
Zunächst brauche ich noch einige Informationen von Ihnen ...	Klären Sie die wichtige Rahmendaten ab, z. B. Anzahl der Betriebsjahre, Entwicklung des Gehalts, Gehaltshöhe, neue Aufgaben.
Was tun Sie bereits jetzt (im Vergleich zu Kollegen), von dem Sie denken, dass Ihr Gehalt dafür höher sein sollte?	Engagierte Mitarbeiterinnen und Mitarbeiter geben dazu viele, unzufriedene eher wenige Informationen.
Wie könnte der Betrieb in Zukunft mehr von Ihrer Arbeit profitieren, so dass ein höheres Gehalt in Frage kommt?	Hören Sie zu. Nehmen Sie Argumente auf. Überprüfen Sie, welche neuen Aufgaben Ihr Mitarbeiter übernehmen will.
Welche Rolle spielt ein höheres Gehalt bei Ihrer Lebensplanung?	So erfahren Sie, ob ein guter Mitarbeiter gegebenfalls Ihr Unternehmen verlassen würde.
Hier in unserem Betrieb kann ich Folgendes tun ...	Zeigen Sie Interesse an der Zusammenarbeit. Schildern Sie betriebliche Möglichkeiten und Grenzen oder machen Sie Vorschläge.
Sind Sie damit einverstanden? Oder haben Sie noch Anregungen?	Geben Sie Raum für Zustimmung oder Bedenken.
Ich werde mich in den nächsten drei Wochen bei Ihnen melden.	Nennen Sie in jedem Fall einen Entscheidungstermin oder einen festen Termin für weitere Aktivitäten Ihrerseits. Fügen Sie bei guten Mitarbeiterinnen und Mitarbeitern ein ehrliches Lob an.

☛ Mögliche Fallstricke

Kanzeln Sie unzufriedene Mitarbeiterinnen und Mitarbeiter nicht ab, sondern erforschen Sie andere Möglichkeiten, die Arbeitszufriedenheit zu erhöhen.

Insgesamt gilt: Mangelhafte Transparenz in der Gehaltsstruktur im Betrieb machen Gehaltsgespräche schwieriger. Begründen Sie negative Entscheidungen respektvoll und klar!

Jahres-Mitarbeitergespräch

Grundlagen

Das Führen von jährlichen Mitarbeitergesprächen wird von vielen Führungskräften als unangenehme Pflicht betrachtet.

Ein möglicher Grund dafür ist, dass es in den meisten Organisationen und Unternehmen als Feedbackgespräch geführt wird. Wir plädieren für eine andere Lösung:

Führen Sie Feedbackgespräche bei sinnvollen **Anlässen**, zum Beispiel bei Abschluss eines Projekts, nach Erledigung einer delegierten Aufgabe. Wenn Sie Anlass zur Kritik haben, warten Sie damit nicht bis zum jährlichen Mitarbeitergespräch, sondern führen Sie bald ein Kritikgespräch.

Nutzen Sie dagegen das **jährliche** Mitarbeitergespräch als lösungsorientiertes Entwicklungsgespräch. Im Mittelpunkt stehen Arbeitszufriedenheit und Verbesserungsvorschläge Ihrer Mitarbeiterinnen und Mitarbeiter.

Um den individuellen Charakter des Gesprächs zu unterstreichen und Ihr Interesse an der Person Ihres Mitarbeiters zu zeigen, ist es ein günstiger Anlass, das Jahresgespräch zum Jahrestag der Betriebszugehörigkeit zu führen. Lassen Sie zu diesem Zweck die Jahrestage des Betriebseintritts Ihrer Mitarbeiterinnen und Mitarbeiter in Ihrem Kalender vermerken (z. B. »Braun, Druckerei, 5 Jahre«) und vereinbaren Sie entsprechende Gesprächstermine.

Bleiben Sie während des Gesprächs einfach, interessiert und klar. Beschränken Sie sich auf wenige Fragen und hören Sie interessiert zu.

Ziele des Gesprächs

Ihr Mitarbeiter soll

- Ihr ehrliches Interesse an seiner Arbeit,
- an seinen Verbesserungsvorschlägen sehen und
- das letzte Jahr reflektieren.

Gesprächsbausteine

Gesprächsbaustein	Hinweise
Frau Grün, Sie sind in dieser Woche zwei Jahre bei uns. Ein guter Anlass, das Jahresgespräch zu führen.	Begrüßen Sie Ihre Mitarbeiterin herzlich. Ein Händedruck zeigt, dass Sie den Tag würdigen und für die Betriebszugehörigkeit danken.
Zunächst interessiert mich: Was ist aus Ihrer Sicht im letzten Jahr erfreulich und gut gelaufen?	Sie signalisieren, dass auch andere Punkte aufgenommen werden, setzen aber zunächst einen positiven und ressourcenorientierten Gesprächsanfang.
Was an Ihrem jetzigen Arbeitsplatz und Ihren Arbeitsbedingungen gefällt Ihnen so gut, dass Sie es zur Zeit nicht ändern möchten?	Sie erfahren, was Ihrer Mitarbeiterin wirklich wertvoll ist.
Welche Veränderungen und Fortschritte haben Sie für das nächste Jahr geplant und welche kleinen oder großen Dinge könnten Ihnen dabei helfen?	Hiermit unterstellen Sie der Mitarbeiterin, dass sie mitdenkt und ihren Arbeitsplatz selbstständig weiterentwickelt.
Welche anderen Ideen haben Sie noch für die Verbesserung Ihres Arbeitsplatzes? Was können Sie dafür tun, was können wir dafür tun?	Hier geben Sie noch einmal ausdrücklich Raum für Kritik und Anregungen, verweisen aber auch darauf, dass Sie eine Beteiligung der Mitarbeiterin erwarten.

☛ Mögliche Fallstricke

Vermeiden Sie, Kritik und Verbesserungsvorschläge an dieser Stelle zu diskutieren. Machen Sie auch jetzt noch keine Veränderungszusagen. Hören Sie ruhig und interessiert zu und bedanken Sie sich.
Notieren Sie die Vorschläge in Ihrer Kompetenzkartei, denken Sie darüber nach und teilen Sie Ihrem Mitarbeiter mit, welche Vorschläge Sie **annehmen.** Begründen Sie die Ablehnung von Vorschlägen nur, wenn Ihr Mitarbeiter dies wünscht.

Jahresrückblick im Team

Grundlagen

Feiern Sie einmal im Jahr das Team. Im Mittelpunkt dieses schönen Instrumentes steht das ehrliche Lob und die positive Rückmeldung für Kolleginnen und Kollegen. Ein Jahresrückblick im Team rundet das Jahr zum Beispiel im Rahmen einer Vorweihnachtsstunde oder vor einem Jahresabschluss im Sommer ab.

Etablieren Sie durch den Jahresrückblick im Team positiven »Klatsch« und initiieren Sie Gespräche über die Stärken und Fähigkeiten der Mitarbeiter.

Ziele des Gesprächs

Ihre Mitarbeiterinnen und Mitarbeiter sollen

- erfahren, was ihre KollegInnen fachlich und kollegial an ihnen schätzen,
- positiven »Klatsch« über KollegInnen üben,
- einmal im Jahr im positiven Mittelpunkt stehen.

Bausteine des Jahresrückblicks

Laden Sie zu einer neuen Form des Jahresrückblicks ein.
Bilden Sie nach einem Zufallsprinzip Arbeitsgruppen zu drei oder mehr Personen, die Schreibmaterial (z. B. Kommunikationskarten), eine Kopie der Leitfragen und folgenden Arbeitsauftrag bekommen:

Gesprächsbaustein	Hinweise
Jede Kleingruppe hat folgende Aufgabe: Notieren Sie auf den Karten für *jeden* Kollegen und *jede* Kollegin, die *nicht* in Ihrer Kleingruppe ist, zweimal ein *echtes und ehrliches* Lob und zwar zu folgenden Leitfragen:	Vergewissern Sie sich durch Nachfragen, dass Ihre Instruktion verstanden wurde.
1. Ein Punkt, der uns im letzten Jahr *fachlich* bei dem Kollegen/der Kollegin beeindruckt hat.	Teilen Sie diese Leitfragen in schriftlicher Form an alle Beteiligten aus.

2. Ein Punkt, den wir in der *kollegialen* Zusammenarbeit bei dem Kollegen/der Kollegin im letzten Jahr besonders geschätzt haben.	
Ihnen wird in den Arbeitsgruppen sicher mehr als ein positiver Punkt einfallen. Beschränken Sie sich jedoch auf ein, allerhöchstens zwei Dinge, die Ihnen im letzten Jahr *besonders* gefallen haben. Bestimmen Sie dann in der Kleingruppe, wer von Ihnen dem entsprechenden Kollegen und der Kollegin das Lob Ihrer Gruppe mitteilen wird.	Diese Beschränkung ist wichtig, um • die Aufgabe der Kleingruppe überschaubar zu machen, • die anschließende Lob-Runde im Zeitrahmen zu halten und • keine Konkurrenz (viel gelobt – wenig gelobt) aufkommen zu lassen.

Geben Sie je nach Größe des Teams zwischen 30 und 60 Minuten Zeit.

Stellen Sie dann nacheinander im Plenum nach einem neutralen Schlüssel (Alphabet, Betriebszugehörigkeit, Alter) die KollegInnen einzeln in den Mittelpunkt.

Ich schlage vor, wir beginnen mit unserer jüngsten Kollegin, das sind Sie, Frau Silber. Welche Kleingruppe möchte mit ihrem ehrlichen Lob beginnen?

Wenn die Kleingruppen Ihr Lob geäußert haben, überreichen Sie der Kollegin die Karten als Andenken. Ein schöner Abschluss: Initiieren Sie Beifall, wenn das Lob für einen Kollegen abgeschlossen ist.

Schenken Sie als Führungskraft zum Schluss dem Team als Ganzes ein ehrliches Lob und wünschen alles Gute für das neue Jahr.

☛ Mögliche Fallstricke

Überlegen Sie, ob Sie persönlich sich an der Lob-Runde beteiligen wollen. Erarbeiten Sie dann als Führungskraft Ihr Lob allein und nicht in einer Kleingruppe. Wenn eine weitere Führungskraft beteiligt ist, können Sie mit dieser gemeinsam eine Kleingruppe bilden.

Grundlagen

Es stärkt die Motivation Ihrer Mitarbeiterinnen und Mitarbeiter, wenn Sie prägnante Jahrestage (z. B. fünf, zehn Jahre der Betriebszugehörigkeit) zum Anlass nehmen, sich zu bedanken. Mit dieser Würdigung zeigen Sie, dass Ihnen Zugehörigkeit und Verbundenheit wichtig sind.

Lassen Sie prägnante Jahrestage in Ihren Kalender eintragen und beauftragen Sie eine einfallsreiche Mitarbeiterin, ein persönliches und *individuelles* Präsent zu besorgen. Neben Gegenständen, die sich z. B. auf persönliche Hobbies beziehen, sind auch Gutscheine (etwa für ein Abendessen zu zweit, eine Städtereise) eine schöne Alternative.

Informieren Sie sich vor dem Gespräch in Ihrer Kompetenzkartei über die Stärken und den Beitrag Ihres Mitarbeiters und überlegen Sie in einem kleinen Rückblick, welche wichtigen Ereignisse im Betrieb der Mitarbeiter miterlebt hat.

Laden Sie die KollegInnen zum Mitfeiern ein. Motivieren Sie die KollegInnen, im Anschluss auch einen kleinen Dank aus ihrer Sicht zu formulieren.

Ziele der Zusammenkunft

Ihre Mitarbeiterin soll

- ihren Beitrag zu der Firmengeschichte benannt bekommen,
- ausdrücklich Dank für ihr Engagement erfahren und
- selbst Gelegenheit zu einem kurzen Rückblick haben.

Bausteine zum Jubiläum

Gesprächsbaustein	Hinweise
Frau Blau, Sie sind jetzt zehn Jahre bei uns. Ein guter Anlass, mich bei Ihnen im Kreis Ihrer Kollegen zu bedanken und zu feiern.	Es ist dem Anlass durchaus angemessen, wenn Sie feierlich werden.
Sie haben so manche Neuerung und Umstellung mit Humor und Toleranz mitgemacht. Sie sind eine ausgezeichnete Fachkraft	Holen Sie sich fehlende Informationen bei anderen Betriebsangehörigen.

im Vertrieb und ich bin immer wieder von Ihrer Einfällen beeindruckt, mit denen Sie auch in schwierigen Situationen eine Lösung finden.	
Mich interessiert: Was war aus Ihrer Sicht besonders interessant oder erfreulich in den letzten 10 Jahren? *oder:* Was ist Ihnen noch in Erinnerung von Ihrem ersten Arbeitstag in unserer Firma?	Hören Sie den Ausführungen freundlich und ohne Diskussion zu und bedanken Sie sich. Bitten Sie dann die KollegInnen zu ihrer kleinen Ansprache.
Als Anerkennung für Ihre Arbeit haben wir hier einen Gutschein für einen schöne Städtereise zu zweit nach Paris.	Hier ist ein Beifall schön, der zum informellen Teil überleiten kann.

☛ Mögliche Fallstricke

Unterlassen Sie sarkastische oder anzügliche Anspielungen! Auch wenn die betreffende Kollegin in Ihren Augen humorvoll und selbstkritisch ist, werden solche Punkte am Jahrestag als Kränkung aufgefasst, auch wenn die Kollegin äußerlich heiter reagiert.

Konflikte zwischen Mitarbeitern I – ein Mitarbeiter beschwert sich

Grundlagen

Konflikte sind ein Zeichen für lebendige und interessierte Mitarbeiterinnen und Mitarbeiter, denen Dinge wichtig sind.

Wenn Mitarbeiterinnen und Mitarbeiter einen Konflikt an Sie herantragen, zeigt das Vertrauen in Ihre Führungsfähigkeit

Ihr Mitarbeiter ist belastet und möchte sich zunächst seinen Ärger von der Seele reden und Verständnis für seine Lage finden. Manchmal ist das alleine schon hilfreich.

Konflikte tauchen im Alltag auf und werden häufig ohne großes Zutun bewältigt. Aus lösungsorientierter Sicht sind Veränderungen unvermeidlich. Auch Veränderungen zum Besseren ergeben sich häufig ohne große Interventionen.

Lassen Sie als Führungskraft dem Konflikt also Zeit.

Wenn Sie Ihrem Mitarbeiter durch gut gestellte Fragen die Möglichkeit geben, seine Sichtweise zu erweitern, reicht häufig ein einzelnes Gespräch aus, ohne dass Sie weitergehende Maßnahmen ergreifen.

Falls Ihr Mitarbeiter darauf besteht, dass der Konflikt weiterverfolgt wird, stellen Sie ein Einzelgespräch mit dem anderen Mitarbeiter sowie ein nachfolgendes gemeinsames Gespräch in Aussicht. Falls Ihre Mitarbeiterin ein gemeinsames Gespräch ablehnt, sollten Sie ihr freundlich klarmachen, dass ein gemeinsames Gespräch für Sie als Führungskraft notwendig ist, um bei gravierenden und fortdauernden Konflikten eine Lösung zu finden.

Ziele des Gesprächs

Ihr Mitarbeiter soll

- Gelegenheit haben, seinen Ärger loszuwerden und den Konflikt zu schildern,
- von Ihnen Verständnis für die schwierige Situation erfahren,
- durch ressourcenorientierte Fragen seinen Blickwinkel erweitern.

Gesprächsbausteine

Gesprächsbaustein	Hinweise
Vielen Dank für Ihre Schilderung. Die Situation scheint ja wirklich schwierig zu sein und	Zeigen Sie Ihre Aufmerksamkeit und lassen Sie Ihre Mitarbeiterin ausreden.

Ihnen im Moment gutes Arbeiten unmöglich zu machen.	
Was ist früher anders gelaufen, als die Zusammenarbeit besser geklappt hat?	Mit dieser Frage lenken Sie den Blick auf unproblematische Zeiten und erfahren erste Lösungsansätze.
Welche Lösungen sind Ihnen selber schon eingefallen?	Eine Mitarbeiterin mit einer Beschwerde über eine Kollegin geht zunächst davon aus, dass sich die *Kollegin* ändern muss.
Was meinen Sie, was könnten wir beide tun?	Mit dieser Frage machen Sie deutlich, dass *alle* Beteiligten etwas zur Beilegung des Konfliktes beitragen sollten.
Frau Braun, ich danke Ihnen für das Vertrauen, in dieser schwierigen Situation zu mir zu kommen. Ich bin zuversichtlich, dass wir eine Lösung finden, und werde darüber nachdenken. Wenn sich in einer Woche keine Verbesserung ergeben hat und die Situation immer noch schwierig ist, melden Sie sich bitte bei noch einmal bei mir. Ich werde dann ein Gespräch mit Frau Gelb führen. Danach können wir uns dann zu dritt zusammensetzen.	Sie signalisieren hier der Mitarbeiterin, dass sie ernst genommen wird, und stellen ein Eingreifen in Aussicht, lassen aber andererseits den Raum und die Zeit, dass sich der Konflikt vielleicht von selbst löst. Sie lassen die Verantwortung bei der Mitarbeiterin. Sie kann die Sache »überschlafen« und muss sich noch einmal melden, falls sie weiterverfolgt werden soll.

☛ Mögliche Fallstricke

Seien Sie verständnisvoll, aber bleiben Sie in jedem Fall unparteiisch und werten Sie das Verhalten des Kollegen, über den Beschwerde geführt wird, nicht ab. Bleiben Sie dabei, die Situation als »schwierig« zu bezeichnen. Achten Sie darauf, dass Sie nicht vorschnell ins Agieren und Handeln kommen!

Konflikte zwischen Mitarbeitern II – Gespräch mit der zweiten Konfliktpartei

Grundlagen

Der Mitarbeiter, über den sich Mitarbeiter I beschwert, hat das Gespräch mit Ihnen nicht gesucht und wird in einer eher unangenehmen Situation zu Ihnen »bestellt«. Sie sollten ihm ausdrücklich für seine Bereitschaft zum Gespräch danken.

Schildern Sie die Beschwerde so sachlich und neutral wie möglich.

Machen Sie sich klar: Vielleicht hat dieser Mitarbeiter gar keinen Konflikt! Geben Sie ihm Gelegenheit, seine Sichtweise darzustellen.

Nutzen Sie das Gespräch auch, um zu erwähnen, dass aus Ihrer Sicht zeitweilige Konflikte zum Arbeitsleben dazugehören und dass Sie zuversichtlich sind, dass sich eine zufriedenstellende Lösung ergibt.

Falls Ihr Gegenüber den Konflikt nicht als gravierend empfindet, weisen Sie darauf hin, dass dazu jeder Einzelne seine besondere Sichtweise hat.

Ziele des Gesprächs

Ihr Mitarbeiter soll

- erfahren, welche Beschwerde Gegenstand eines Gesprächs zwischen seinem Kollegen und Ihnen geworden ist,
- Gelegenheit haben, seine Sichtweise darzulegen,
- von Ihnen Verständnis für die schwierige Situation erfahren,
- gegebenfalls seinen Blickwinkel erweitern und
- eigene Lösungsideen einbringen.

Gesprächsbausteine

Gesprächsbaustein	Hinweise
Vielen Dank, dass Sie gekommen sind. Zu meinen Aufgaben als Abteilungsleiter gehört es, bei Missverständnissen und Unstimmigkeiten klärende Gespräche zu führen. Frau Braun war hier und findet zur Zeit im Schreibbüro schwierig, wie die	Benennen Sie das Beschwerdethema eher neutral (schwierige Situation). Wiederholen Sie die Klagegründe der Kollegin dem Bereich nach, aber nicht detailliert, weil Sie damit den Konflikt eher noch schüren. Zeigen Sie Ihre Aufmerksamkeit und lassen Sie Ihre Mitar-

Aufgaben verteilt sind. Was meinen Sie dazu?	beiterin ausreden. Zeigen Sie, dass Sie die Situation schwierig finden.
Was ist früher anders gelaufen, als die Zusammenarbeit besser geklappt hat?	Mit dieser Frage lenken Sie den Blick auf unproblematische Zeiten und erfahren erste Lösungsansätze.
Welche Lösungsmöglichkeiten fallen Ihnen spontan ein? Was könnten wir beide tun?	Mit dieser Frage machen Sie deutlich, dass *alle* Beteiligten etwas zur Beilegung des Konfliktes beitragen sollten.
Ich möchte mich gerne mit Ihnen und Frau Braun zusammensetzen und gemeinsam überlegen, wie wir die Situation verbessern.	Hier signalisieren Sie bereits das anstehende Konfliktgespräch zu dritt. Vereinbaren Sie einen Termin.

☛ Mögliche Fallstricke

Auch wenn Sie die Beschwerde selbst als etwas überzogen empfinden: Äußern Sie sich nicht nachteilig oder abfällig über die beschwerdeführende Partei.
Bleiben Sie dabei, dass es legitim ist, dass der beschwerdeführende Mitarbeiter die Situation als schwierig betrachtet.
Bleiben Sie in jedem Fall neutral. Sie sind Moderator und kein Schiedsrichter!

Konflikte zwischen Mitarbeitern III – Gespräch mit beiden Konfliktparteien

Grundlagen

Sollte sich der Konflikt nicht durch Einzelgespräche beilegen lassen, führen Sie ein gemeinsames Gespräch mit beiden Konfliktparteien.

Bei Konflikten unter KollegInnen geht es zu wie bei manchen Konflikten in einer Ehe: Häufig lassen sich Lösungen finden oder die Situation verändert sich von selbst. In krassen Fällen sind aber die Unverträglichkeiten, Kränkungen und Konflikte so eskaliert, dass die beiden Konfliktparteien sich trennen müssen. Klären Sie bereits vor dem Gespräch, wie ein solcher schlimmster Fall aussehen könnte und ob in Ihrem Unternehmen eine räumliche Trennung oder eine Aufgabentrennung möglich ist, falls der Konflikt nur auf diese Art beizulegen ist. Weisen Sie Erwartungen der Mitarbeiterinnen und Mitarbeiter, **Sie** würden entscheiden, wer gehen und bleiben soll, zurück.

Behalten Sie während des gesamten Gesprächs mit den Konfliktparteien im Auge, dass Sie für den Prozess und die **Moderation**, nicht jedoch für inhaltliche Lösungen zuständig sind. Sie sind unparteiisch und unterstützen die Konfliktparteien bei der Suche nach einer gemeinsamen Lösung. Freundlichkeit und Respekt sollen Ihre Haltung gegenüber jeder der Parteien kennzeichnen.

Ziele des Gesprächs

Die beiden Konfliktparteien sollen

- ihre Standpunkte und unterschiedlichen Vorstellungen darlegen,
- erkennen, dass für Sie als Führungskraft Konflikte keine Katastrophe darstellen,
- kleine Schritte zur Verbesserung nennen und
- eine Vereinbarung treffen, welche kleinen Schritte getan werden können, um den Anfang einer Lösung zu finden.

Gesprächsbausteine

Gesprächsbaustein	Hinweise
In jedem Betrieb gibt es ab und zu Konflikte. Wir wollen heute die unterschiedlichen Vorstellungen austauschen und überlegen,	Betonen Sie Ihre allparteiliche Haltung durch freundliche Zuwendung, die Sie bewusst gleichmäßig auf beide Gesprächspartner verteilen.

welche ersten Lösungsschritte Sie tun können.	
Fangen wir mit Ihnen an, Herr Silber, da Sie am längsten im Betrieb sind. Wie würde der Arbeitsbereich aussehen, wenn *Sie* zu bestimmen hätten?	Eine gute Gelegenheit, noch einmal die Länge der Betriebszugehörigkeit zu unterstreichen.
Und wie, Herr Gold, sähe die Lage aus, wenn *Sie* zu bestimmen hätten?	Es gibt keine richtigen und falschen, sondern lediglich unterschiedliche Vorstellungen!
Und jetzt noch eine Frage an Sie beide, die bei Konflikten für mich immer interessant ist: Was müsste Herr Silber/Herr Gold tun, um die Situation noch schlimmer zu machen?	Wenn diese humorvolle Formulierung zu Ihnen passt, ist sie ein ausgezeichnetes Werkzeug, um die Situation zu entspannen und deutlich zu machen, wie beide im Konflikt eine gewisse Disziplin zeigen.
Konflikte entstehen und verschwinden nicht plötzlich. Wir wollen hier einen ersten Schritt in Richtung Lösung entwerfen. Nennen Sie, Herr Gold, doch jetzt fünf kleine Dinge, erste Schritte, in denen Herr Silber Ihnen entgegenkommen könnte, um eine erste kleine Besserung der Situation zu erzielen. Ich notiere Sie. Und nun das Gleiche für Sie, Herr Silber.	Hiermit machen Sie noch einmal deutlich, dass von Ihnen keinesfalls die großen und brachialen Lösungen erwartet werden können. Wenn möglich, ist es gut, die fünf Vorschläge schriftlich fassen zu lassen. Helfen Sie mit bei der Formulierung, um die ersten Schritte noch kleiner und gangbarer zu machen!
Nun sucht sich jeder von Ihnen einen der kleinen Schritte des anderen aus, mit dem Sie sich als Zeichen des guten Willens entgegenkommen können. Diese beiden Schritte wollen wir dann vereinbaren.	Ist kein Punkt dabei, der akzeptabel ist, lassen Sie die Parteien zwei weitere Vorschläge machen. Bleiben Sie hartnäckig, bis jede Partei einem Vorschlag zustimmt (»Ich habe Zeit!«).

Falls es weiter schwierig bleibt, melden Sie sich wieder bei mir.	Lassen Sie die Konfliktparteien einen neuen Termin initiieren. Manchmal reicht das Gespräch, um eine Lösung in Gang zu bringen.

☛ Mögliche Fallstricke

Bleiben Sie stets freundlich und neutral, auch wenn eine der Konfliktparteien in Ihren Augen unverständlich und überzogen reagiert. Bewerten Sie auch die gemachten Vorschläge nicht inhaltlich, bleiben Sie allparteilich!

Kritikgespräch

Grundlagen

Wenn Führungskräfte Mitarbeiter für ihre Leistungen loben, spricht nichts dagegen, konkrete Missstände anzusprechen. Lösungsorientiert kritisieren heißt, für eine ausgewogene Balance von Lob und Kritik zu sorgen. Kritikgespräche sind für Führungskräfte und Mitarbeiter gleichermaßen herausfordernd: Führungskräfte befürchten Motivationsverlust, Verschlechterungen in der Zusammenarbeit und gekränkte Reaktionen. Mitarbeiter befürchten, nicht verstanden, persönlich gekränkt oder ungerecht behandelt zu werden. Deshalb sollten Mitarbeiter ihre Sichtweise darstellen können. Wenig hilfreich ist es, viel Zeit im Gespräch für Rechtfertigungen, Schuldfragen und Argumentationen zu verwenden. Besser ist es, die Ziele und Wünsche für die Zukunft in den Blick zu nehmen.

Ziele des Gesprächs

Ihr Mitarbeiter sollte am Ende des Gesprächs folgende Punkte klar verstanden haben:

- Sie sind unzufrieden mit einem konkreten Verhalten.
- Sie wünschen in der Zukunft einen konkreten positiven Endzustand.
- Sie sind zuversichtlich, dass Ihr Mitarbeiter eine Lösung findet.

Gesprächsbausteine

Gesprächsbaustein	Hinweise
Herr Schwarz, danke, dass Sie sich für dieses Gespräch Zeit genommen haben. Sie sind mir als zuverlässiger Mitarbeiter bekannt und jetzt gibt es folgende Schwierigkeit.	Bedanken Sie sich, dass sich der Mitarbeiter Zeit genommen hat. Gestalten Sie die Gesprächsatmosphäre freundlich und bestimmt.
Gestern ist eine Stornierung des Auftrags XY per Fax eingegangen und wieder von Ihnen nicht weitergeleitet worden.	Sprechen Sie Ihre Kritik kurz, sachlich und konkret an. Nennen Sie Fakten und konkrete Beispiele, was passiert ist.
Ich will im Gespräch klären, wie Stornierungen zuverlässig bearbeitet werden können.	Nennen Sie das Ziel, den gewünschten Endzustand.

Ich bin zuversichtlich, dass wir heute hier eine Lösung finden.	Äußern Sie Zuversicht angesichts der sonst guten Zusammenarbeit
Wie sehen Sie Ihre Verantwortung für die zuverlässige Stornierung von Aufträgen?	Erfragen Sie die Sichtweise Ihres Mitarbeiters. Mit dieser Formulierung unterstreichen Sie auch die Verantwortung. Vermeiden Sie Diskussionen um Schuld und Ursachen.
Welche Ideen haben Sie, in Zukunft Auftragstornierungen anders und sicher zu bearbeiten? Wie genau wird das funktionieren? Was noch?	Erfragen Sie Lösungsvorschläge des Mitarbeiters. Hören Sie die Lösungsvorschläge des Mitarbeiters ruhig und anerkennend an. Ist bereits ein Vorschlag dabei, der Ihnen gefällt, nehmen Sie diesen an und treffen eine Vereinbarung. Drücken Sie Ihre Zufriedenheit aus und überlegen Sie, ob und nach welcher Zeit kontrolliert wird, ob das Verfahren greift.
Mag sein, dass dieser Vorschlag funktioniert, aber ich habe Bedenken ... Ich bitte Sie bis zum ... noch einmal neue Lösungsmöglichkeiten zu finden.	Ist kein Vorschlag dabei, der Ihnen gefällt, bitten Sie den Mitarbeiter, sich Gedanken über mögliche Lösungen zu machen, und vereinbaren Sie einen neuen Termin (z. B. in zwei Tagen).
Ich bin überzeugt, dass Sie eine gute Lösung finden. Sie wissen, wie ich unsere Zusammenarbeit schätze.	Setzen Sie noch einmal den Rahmen der Zufriedenheit, den Sie allgemein mit dem Mitarbeiter haben, und danken Sie ihm für das Gespräch.

☛ Mögliche Fallstricke

Ein Kritikgespräch ist keine Abrechnung, sondern der Beginn einer positiven Veränderung: Was kann anders gemacht werden? Sie wollen nicht den Mitarbeiter verändern, sondern bessere Ergebnisse haben. Akzeptieren Sie keine nichts sagenden Ergebnisse wie: daran werde ich denken, ich bemühe mich ..., sondern treffen Sie konkrete Vereinbarungen.

Kritikgespräch mit kaum kündbaren Mitarbeitern

Grundlagen

Nicht nur im öffentlichen Dienst haben Sie manchmal Mitarbeiterinnen und Mitarbeiter, die so gut wir unkündbar sind. Nehmen Sie solche besonderen Arbeitsbedingungen souverän als Gegebenheiten hin, mit denen Sie sich arrangieren müssen. Verschwenden Sie keine Energie. Sollten Sie ärgerlich werden oder in Kampfstimmung geraten, seien Sie diszipliniert, mäßigen Sie sich und bleiben Sie freundlich.

Alle Formen von »innerer Kündigung« haben ihre Geschichte. Entwickeln Sie den Ehrgeiz, gerade unkündbare Mitarbeiterinnen und Mitarbeiter durch Lob, Übertragung von neuen Aufgaben und Verantwortung zu motivieren. Oft sind es kleine Lösungen, die hier einen guten ersten Anstoß bieten. Überlegen Sie z. B., ob die Übertragung kleinerer Koordinations- und Leitungsaufgaben ein neuer Anreiz zur Identifikation mit der Firma und Organisation darstellen könnte.

Führen Sie auch mit unkündbaren Mitarbeiterinnen und Mitarbeitern Feedback- und Kritikgespräche. Wenn Sie den Eindruck haben, dass sich Ihr Mitarbeiter auf dem Status des kaum Kündbaren ausruht, sprechen Sie das Thema deutlich an.

Ziele des Gesprächs

Ihr Mitarbeiter soll im Gespräch verstehen,

- was Sie an seiner Arbeit schätzen,
- wo genau Sie Verbesserungsbedarf sehen,
- dass seine eigenen konkreten Vorschläge eingefordert werden,
- dass Sie die Sicherheit durch den besonderen Status sehen, aber nachdrücklich und mit langem Atem auf notwendigen Verbesserungen der Arbeit bestehen werden.

Gesprächsbausteine

Gesprächsbaustein	Hinweise
Herr Blau, wenn Sie einen Vorgang bearbeiten, schätze ich stets Ihre korrekte und zuverlässige Art. Was mich nach wie vor	Beginnen Sie das Gespräch in jedem Fall mit einem Lob. Falls Sie aktuell wenig Lobenswertes finden, erforschen Sie, wie der Mitarbeiter in

stört, ist die lange Zeit, die die Vorgänge zur Bearbeitung brauchen.	der Vergangenheit zum Wohle des Unternehmens beigetragen hat.
Sie haben diese Abteilung mit aufgebaut und haben Einblick in viele Arbeitsbereiche gewonnen. Ich möchte gerne Ihre Ideen hören, wie wir die Bearbeitungszeit in Ihrem Ressort verkürzen können. Was können Sie tun und was brauchen Sie von uns?	Auch wenn Ihr Mitarbeiter diese Frage mit einem »keine Idee« oder einem Achselzucken abtun sollte, schweigen Sie und lassen Sie die Gesprächsverantwortung beim Mitarbeiter. Eine gute Übung in der Ausweitung Ihrer Schweigekapazität!
Ich finde, eine Verbesserung oder Umorganisation der Arbeit sollte von den Mitarbeitern ausgehen und nur im Notfall von Führungskräften angeordnet werden. Ich bin deshalb sehr an Ihren Ideen interessiert. Ich möchte mich in zwei Wochen am Donnerstag noch einmal mit Ihnen zusammensetzen.	Sprechen Sie offen in dieser freundlichen Form die Möglichkeit einer Umorganisation der Arbeit an, um den Mitarbeiter zu motivieren, eigene Ideen zu entwickeln. Mit einem neuen Termin nach einem ergebnislosen Gespräch zeigen Sie Ihre Beharrlichkeit.
Herr Blau, mir ist klar, dass Sie hier einen sicheren Arbeitsplatz haben. Das heißt für mich, dass wir beide eine besondere Verantwortung haben, uns miteinander zu arrangieren. Ich bin sicher, wir finden Lösungen, die uns beiden zusagen.	Appellieren Sie an die Verantwortlichkeit Ihres Mitarbeiters und äußern Sie Zuversicht für die weitere Zusammenarbeit. Verabschieden Sie sich freundlich.

☛ Mögliche Fallstricke

Lassen Sie sich nicht provozieren, lassen Sie sich nicht auf einen Kampf ein.

§ Bei gravierenden Verstößen gegen die Arbeitspflichten können auch solche Mitarbeiterinnen und Mitarbeiter gekündigt werden. Holen Sie vor der Androhung eines solchen Schrittes in jedem Fall rechtlichen Rat ein!

Kündigung durch den Mitarbeiter

Grundlagen

Es gibt ein Bündel an beruflichen und privaten Anlässen, die dazu führen, dass Mitarbeiter kündigen. Ihre Aufgaben als Führungskraft ist es, diese Entscheidung anzuerkennen, die bisherige Zusammenarbeit zu würdigen und einen geklärten Abschied vorzubereiten.

In einem Kündigungsgespräch haben Sie die Gelegenheit, eine Rückmeldung über die Arbeit, das Umfeld oder das betriebliche Klima sowie Informationen, die bei einer Neubesetzung oder Vertretung der Stelle wichtig wird, zu erhalten.

Gute Abschiede sind wichtig, weil sie die Unternehmenskultur mit prägen. Ihr Ex-Mitarbeiter bleibt auch in Zukunft Imageträger für das Unternehmen.

Ziele des Gesprächs

Ihre Mitarbeiterin soll im Gespräch

- hören, dass Sie ihre Entscheidung respektieren und akzeptieren,
- sehen, dass Sie an einem guten Abschluss und Abschied interessiert sind,
- Wertschätzung und Anerkennung für die geleistete Arbeit erhalten.

Gesprächsbausteine

Gesprächsbaustein	Hinweise
Guten Tag, Frau Gold. Ich bedauere, dass Sie sich entschieden haben, Ihre Stellung hier zu kündigen, und dass unsere Zusammenarbeit am ... endet.	Machen Sie Ihrer Mitarbeiterin deutlich, dass Sie ihre Entscheidung akzeptieren und respektieren.
Das ist wirklich schade. Ich werde ihre zuverlässige Mitarbeit hier sehr vermissen. Das wird hier manches verändern.	Geben Sie Ihrer Mitarbeiterin eine persönliche wertschätzende Rückmeldung (immer ehrlich).
Ich respektiere Ihre Entscheidung. Ich gehe davon aus , dass Sie	Machen Sie eine Pause und lassen Sie Ihrer Mitarbeiterin Zeit und Raum zu einer ersten Reaktion.

gute Gründe für Ihre Kündigung haben, und hoffe, dass Ihnen diese Entscheidung nicht leicht gefallen ist.	Hören Sie ruhig ihre Gründe an, äußern Sie Verständnis. Fragen Sie nach, wenn Sie kritische Rückmeldungen verstehen wollen.
Was könnte Sie zum Bleiben bewegen?	So sollten Sie nur rückfragen, wenn Ihre Mitarbeiterin entsprechende Signale gegeben hat.
Zunächst möchte ich mit Ihnen die formalen und organisatorischen Dinge klären, die wir berücksichtigen müssen, um unsere Zusammenarbeit zufriedenstellend zu beenden.	Klären Sie die notwendigen Formalien, informieren Sie Ihre Mitarbeiterin, wie mit Zeugnis, Resturlaub, Arbeitszeiten etc. in Ihrer Firma verfahren wird, und fragen Sie nach ihren Wünschen.
Was ist Ihrer Einschätzung nach inhaltlich wichtig bis zum ... abzuschließen? Was noch?	Hören Sie die Vorschläge an. Ergänzen Sie sie, wenn es notwendig ist. Behalten Sie sich vor, Kollegen oder Teammitglieder mit einzubeziehen.
Welche Anregungen haben Sie für die Übergabe von ..., für Ihre Nachfolge?	Überprüfen Sie, welche Anregungen oder Ideen Sie nützlich finden.
Ich bin zuversichtlich, dass wir die Zusammenarbeit gut und erfolgreich beenden.	Betonen Sie dies auch oder gerade, wenn die Zusammenarbeit zeitweise schwierig war.

☛ Mögliche Fallstricke

Die Entscheidung zu kündigen fällt vielen Menschen schwer, gerade wenn die Zusammenarbeit gut ist. Vermeiden Sie daher, Druck auszuüben oder Schuldgefühle zu wecken.
Wenn die Zusammenarbeit eher schwierig war, ist es besonders wichtig, Diskussionen oder Auseinandersetzungen zu vermeiden. Ziehen Sie einen Schlussstrich unter Gewesenes und gehen Sie einen gelungenen Abschied an.

Kündigung wegen Personalabbau

Grundlagen

Notwendiger Personalabbau zeichnet sich in der Regel schon über einen längeren Zeitraum ab. Mitarbeiterinnen und Mitarbeiter sind häufig schon darüber informiert, dass Veränderungen anstehen oder die Lage des Betriebs schwierig ist. Bei allen betriebsbedingten Kündigungen gilt es, einen schwelenden, unangenehmen Prozess zu Ende zu bringen. Zur Führungsverantwortung gehört, die Mitarbeiterinnen und Mitarbeiter sachlich zu informieren, diesen Schritt zu begründen und die bisherige Arbeit für das Unternehmen zu würdigen.

Übernehmen Sie deutlich für das Unternehmen die Verantwortung für diese Entscheidung.

Ziele des Gesprächs

Ihre Mitarbeiterin soll im Gespräch

- über ihre Kündigung und die internen Zeitabläufe und Regelungen informiert werden,
- aus Gründen der Fairness rechtliche Hinweise erhalten,
- Wertschätzung und Anerkennung für ihre geleistete Arbeit erhalten,
- Verständnis für ihre Lage und Unterstützungsangebote erhalten.

Gesprächsbausteine

Gesprächsbaustein	Hinweise
Guten Tag, Frau Gold. Wir haben ja schon vor einiger Zeit besprochen, dass in unserem Unternehmen große Veränderungen notwendig sind. Wir haben entschieden, Ihre Abteilung zu schließen. Ich bedaure, dass wir Sie in Zukunft nicht mehr weiter beschäftigen können, weil …	Zeigen Sie Ihrer Mitarbeiterin, dass Sie eine klare Entscheidung vertreten. Bleiben Sie bestimmt und legen Sie kurz die Hintergründe dar. Geben Sie Ihrer Mitarbeiterin Zeit, diesen Schlag zu verdauen. Akzeptieren Sie Ärger, aber diskutieren Sie nicht.
Ich kann verstehen, dass die Situation für Sie schwer ist. Und	Informieren Sie Ihre Mitarbeiterin über das weitere Verfahren bei die-

ich möchte Ihnen kurz erläutern, was weiter geschieht.	ser Kündigung, über Einspruchs- und Beratungsmöglichkeiten und betriebsinterne Vorgehensweisen (Sozialplan, Abfindungen etc).
Ich will Ihnen nochmals danken für unsere gute Zusammenarbeit in der Vergangenheit. Ich schätze Sie als ... und es tut mir Leid, dass ich diese Kündigung aussprechen muss.	Erkennen Sie an, was die Mitarbeiterin geleistet hat.
Ich nehme an, Sie brauchen noch etwas Zeit, um Ihre weitere berufliche Zukunft zu planen. Sprechen Sie mich an, wenn Sie Fragen haben oder meine Unterstützung möchten.	

☛ Mögliche Fallstricke

§ Einer Kündigung wegen Personalabbau sind rechtliche Grenzen gesetzt. Klären Sie die formale Vorgehensweise fachkundig ab.
Beschränken Sie die Informationen in diesem Gespräch auf das Notwendigste, da Ihr Mitarbeiter emotional diese Kündigung erst verdauen muss und wenig aufnahmefähig ist. Bei Überforderung Ihres Mitarbeiters ist es sinnvoll, den Informationsteil des Kündigungsgesprächs auf einen anderen Gesprächstermin zu vertagen.

Kündigung wegen Unzufriedenheit mit dem Mitarbeiter

Grundlagen

Aus der konstruktivistischen Sicht der Lösungsorientierung gibt es keine faulen, ungeeigneten, unfähigen Mitarbeiterinnen und Mitarbeiter, sondern nur Mitarbeiter, die aus Ihrer jetzigen Sicht nicht zu Ihnen und Ihrer Organisation passen.

Fairerweise haben Sie bereits in der Vergangenheit Kritikgespräche mit Ihrem Mitarbeiter geführt und bereits angedeutet, dass Sie unter bestimmten Umständen eine Trennung ins Auge fassen. Gestalten Sie das Gespräch respektvoll, sorgen Sie dafür, dass Ihr Mitarbeiter sein Gesicht wahren kann.

Terminieren Sie das Kündigungsgespräch so, dass Ihrem Mitarbeiter Zeit bleibt, sich zu fassen.

Weisen Sie Ihren Mitarbeiter auf seine Rechte hin (juristischer Rat, Mitarbeitervertretung, Gewerkschaft).

Geben Sie dem Mitarbeiter in dieser ohnmächtigen Situation unbedingt einen Spielraum für Entscheidungen. Bitten Sie ihn z. B., sich zu überlegen, wie die nächsten Wochen auf der Arbeitsstelle gestaltet werden können, was ihm in Bezug auf sein Arbeitszeugnis wichtig ist und was er von der Firma als Unterstützung für die Suche einer neuen Arbeitsstelle braucht.

Ziele des Gesprächs

Ihr Mitarbeiter soll im Gespräch

- die Kündigung und den Termin zur Beendigung des Arbeitsverhältnisses mitgeteilt bekommen,
- rechtliche Hinweise erhalten,
- Angebote zu einer guten Gestaltung der letzten Wochen im Unternehmen erhalten,
- in jedem Fall sein Gesicht wahren können.

Gesprächsbausteine

Gesprächsbaustein	Hinweise
Herr Grau, wir haben ja schon mehrfach Gespräche zu unseren unterschiedlichen Auffassungen von Kundenfreundlichkeit geführt. Ich mag altmodisch sein,	Beschreiben Sie die Leistung, das Verhalten und die Fähigkeiten, auf die Sie für die Position, die Ihr Mitarbeiter hat, Wert legen. Betonen Sie dabei, dass es sich um Ihre sub-

aber für mich steht der freundliche Umgang auch mit schwierigen Kunden an erster Stelle bei unseren Verkäufern.	jektive Auffassung handelt, die keinen Anspruch auf Objektivität und Wahrheit hat.
Sie sind eine kundige Fachkraft und haben sehr gute Materialkenntnisse. Das erkenne ich an. Ich bin jedoch zu dem Schluss gekommen, dass Sie den Kundenservice, wie ich ihn mir vorstelle, nicht leisten können.	Beschreiben Sie ehrlich vorhandene Stärken und Ihren Schluss, dass das Profil des Mitarbeiters nicht mit dem Profil der Stelle zusammenpasst.
Ich kündige Ihnen zum 31. 3. Das entspricht der tariflichen Frist. Herr Grau, das ist für uns beide keine leichte und angenehme Situation. Vielleicht müssen Sie die Nachricht erst einmal verdauen, sich mit Menschen Ihres Vertrauens besprechen und sich rechtlichen Rat einholen.	Teilen Sie die Kündigung und den Termin zur Beendigung des Arbeitsverhältnisses mit. Akzeptieren Sie, dass Ihr Mitarbeiter verärgert oder niedergeschlagen reagiert. Erwarten Sie nicht, dass Ihr Mitarbeiter Ihre Entscheidung akzeptiert und den Sinn selbst einsieht. Äußern Sie Verständnis für die unangenehme Situation. Geben Sie rechtliche Hinweise.
Bitte geben Sie mir bald Anregungen, wie wir die letzten Wochen im Betrieb auch in Ihrem Interesse gestalten können. Nennen Sie mir auch Anregungen für Ihr Zeugnis.	Machen Sie ein Angebot für die Gestaltung der letzten Wochen und bieten Sie dazu ein neues Gespräch und Ihre Unterstützung an (z. B. Referenzen, Freistellung für Vorstellungsgespräche).

☛ Mögliche Fallstricke

Bedenken Sie das Für und Wider **vor** einer Kündigung gründlich. Lassen Sie sich aber im Gespräch nicht mehr umstimmen.
Ein Kündigungsgespräch ist eher eine Mitteilung als ein gleichberechtigtes Gespräch.

Grundlagen

Die Befragung von Mitarbeitern ist ein ausgezeichnetes Instrument zur Erhebung von Ressourcen, Verbesserungsmöglichkeiten und Stimmungslagen im Betrieb. Nicht umsonst setzen erfolgreiche Großunternehmen regelmäßige Kunden- und Mitarbeiterbefragungen als Frühwarnsystem ein.

Teure und komplizierte Fragebögen kosten Geld und Mühe und sollen in erster Linie Defizite im Unternehmen aufdecken. Aus lösungsorientierter Sicht reden Sie damit auch Defizite herbei.

Erfassen Sie mit unseren Vorschlägen zur Mitarbeiterbefragung zunächst Ressourcen und Gelingendes, danach die Verbesserungsvorschläge Ihrer Mitarbeiterinnen und Mitarbeiter.

Die Ergebnisse der Befragung sollten den Befragten offengelegt werden. Geben Sie Raum zur Diskussion und zur konkreten Planung von Veränderungen. Wenn Sie eine Anregung aufnehmen, beziehen Sie sich stets ausdrücklich auf die Ergebnisse der Mitarbeiterbefragung.

Für die Form der Mitarbeiterinnen- und Mitarbeiterbefragung gibt es unterschiedliche Verfahren:

Neben dem üblichen anonymen Fragebogen hat sich auch sehr bewährt, die Fragen von einzelnen Teams bearbeiten zu lassen.

Ziele der Mitarbeiterbefragung

Ihre Mitarbeiterinnen und Mitarbeiter sollen

- Ressourcen ihres Arbeitsplatzes benennen und erkennen,
- Gelegenheit haben, Verbesserungsvorschläge zu machen.

Befragungsbausteine

Gesprächsbaustein	Hinweise
Was an Ihrer Arbeit gefällt Ihnen so gut, dass es zur Zeit auf keinen Fall verändert werden sollte?	Mit dieser Eingangsfrage (Formulierung wichtig!) lenken Sie die Blicke auf Gelingendes und auf Ressourcen in Ihrem Betrieb.
Wenn Sie an andere Unternehmen in unserer Branche denken: Was sind die wichtigsten Vorteile unseres Unternehmens für Sie?	Erfahren Sie rechtzeitig, was Vor- und Nachteile Ihres Unternehmens aus Mitarbeiterinnen- und Mitarbeitersicht sind.

Wenn Sie an andere Unternehmen in unserer Branche denken: Welche Dinge, die wir übernehmen könnten, sind dort besser geregelt?	Weggang zur Konkurrenz ist bei guten Kräften ein Verlust für Ihr Unternehmen.
Wenn in unserem Betrieb ein Wunder geschehen würde und alles wäre so, wie Sie sich das wünschen, was wären die zwei bis drei wichtigsten Veränderungen?	Regen Sie das ungebändigt-utopische Potenzial Ihrer Mitarbeiterinnen und Mitarbeiter an!
Wenn der Betrieb Teile dieses Wunders verwirklichen will, was sind dann die ersten kleinen Schritte dazu?	Lassen Sie die Utopie in machbare kleine Schritte zerlegen.
Wenn wir unsere wichtigsten Kunden fragen würden: Welche Verbesserungsvorschläge hätten die Kunden?	Nutzen Sie durch diesen Perspektivenwechsel die Ideen aus dem täglichen Kundenumgang.
Wenn wir Ihre Familie und PartnerInnen fragen würden: Welche Verbesserungsvorschläge hätten Familie und PartnerInnen?	Nutzen Sie die Kraft des sozialen Netzwerkes. Ist die Familie und der Partner oder die Partnerin zufrieden, werden Ihnen die Mitarbeiterinnen und Mitarbeiter lange erhalten bleiben.
Welche weiteren Vorschläge haben Sie? Was haben Sie sonst noch auf dem Herzen?	Hier geben Sie Raum für alle Ideen, die Ihre Mitarbeiterinnen und Mitarbeiter noch haben.

☛ Mögliche Fallstricke

Auch wenn die Mitarbeiterinnen- und Mitarbeiterbefragung einzelne Regelungen angreift: Verteidigen Sie sich nicht, sondern nehmen Sie die Anregungen dankbar und interessiert entgegen. Nehmen Sie die Rückmeldungen ernst, aber lassen Sie sich auch Zeit zum Nachdenken und zur Abstimmung mit Ihren betrieblichen Interessen.

Gespräch mit der Mitarbeitervertretung

Grundlagen

Der Betriebsrat oder eine andere Form der Mitarbeitervertretung (MAV, Personalrat) sind gesetzlich vorgesehene Formen des Miteinanders im Betrieb.

Aus systemischer und konstruktivistischer Sicht ist es bereichernd für Ihr Unternehmen, wenn die Sorge für die Interessen der Mitarbeiterinnen und Mitarbeiter eine deutliche Stimme bekommt.

Ein regelmäßiger Austausch mit der Mitarbeitervertretung auch in konfliktfreien Zeiten ist günstiger als den Kontakt nur in kritischen Fällen zu suchen.

Beteiligen Sie die Mitarbeitervertretung an Entwicklungen und Überlegungen, wo immer Sie Möglichkeiten sehen.

Seien Sie nicht gekränkt, wenn die Mitarbeitervertretung anderer Meinung ist als Sie! Respektieren Sie auch ausdrücklich kontroverse Haltungen (»Es ist ganz verständlich, wenn wir hier unterschiedliche Ziele haben«).

Mitglieder in Mitarbeitervertretungen sind engagiert und arbeiten zu einem kleineren Gehalt als Sie. Würdigen Sie das Engagement ausdrücklich.

Ziele des Gesprächs

Mitarbeitervertreter sollen im Gespräch

- informiert werden,
- Gelegenheit bekommen, eigene Vorstellungen einzubringen,
- Anerkennung erfahren,
- Akzeptanz für unterschiedliche Interessen und Sichtweisen finden.

Gesprächsbausteine

Gesprächsbaustein	Hinweise
Unsere Situation ist Folgende: ... Welche Anregungen haben Sie aus Sicht des Betriebsrates?	Teilen Sie Prozesse und Fragestellungen mit, nicht bereits fertige Ideen. So beteiligen Sie die Mitarbeitervertretung!
Ich sehe, unsere unterschiedlichen Rollen führen zu unterschiedlichen Wertungen. Das liegt in der Natur der Sache.	Normalisieren Sie Interessengegensätze.

Welche Vorschläge für einen Kompromiss haben Sie?	Holen Sie die Mitarbeitervertretung weg aus der »Nein«- oder »Ja«-Sager-Schiene. Schätzen Sie ausdrücklich die Einfälle und Ideen.
Ich danke Ihnen für Ihr Engagement für den Betrieb.	Würdigen Sie den Einsatz der engagierten Mitarbeiterinnen und Mitarbeiter.
Abseits vom Tagesgeschäft: Welche Verbesserungsvorschläge haben Sie aus der Sicht der Mitarbeitervertretung?	Geben nicht stets *Sie* die Themen vor, sondern lassen Sie auch Raum für Einfälle der anderen Seite.
Wir haben einen Termin mit unserem wichtigsten Auftraggeber X, der für die Erhaltung der Arbeitsplätze wichtig ist. Welche Vorschläge und Ideen haben Sie? Ich würde es begrüßen, wenn Sie an diesem Termin teilnehmen könnten.	Beziehen Sie die Mitarbeitervertretung ein, wenn sich der Betrieb als Ganzes darstellt. Das schafft Zusammenarbeit und Loyalität.

☛ Mögliche Fallstricke

Auch wenn Sie verärgert sind und Ihnen momentan das Verständnis für die Position der Mitarbeitervertretung fehlt – fangen Sie keinen Kampf an. Er kostet zu viele Ressourcen! Stellen Sie Gemeinsamkeiten in den Vordergrund.
Oft sind es Ihre besten Mitarbeiter, die sich in der Mitarbeitervertretung engagieren.

Pensionierung

Grundlagen

Es ist ein Einschnitt im Leben eines Mitarbeiters, wenn er aus Altersgründen Ihre Firma verlässt. Die damit verbundenen Umstellungen sind für beide Seiten nicht nur positiv.

Gibt es vielleicht eine Form, Ihren Mitarbeiterinnen und Mitarbeitern einen »sanften« Ausstieg zu ermöglichen und Ressourcen und Fähigkeiten für das Unternehmen zu nutzen? Bewährt hat sich, pensionierten Mitarbeiterinnen und Mitarbeitern anzubieten, stunden- oder tageweise als Vertretung bei Urlaub und Krankheit oder in Stoßzeiten Ihre Stamm-Mannschaft zu stützen. Über ein solches Angebot freut sich der Mitarbeiter – auch wenn er es vielleicht ablehnt.

Die Pensionierung sollte für Sie als Führungskraft eine Gelegenheit zum Feiern, zu Lob und Rückblick sein. Neben einem Abschiedsgeschenk können Sie als Führungskraft eine kleine Rede vorbereiten. Ermuntern Sie KollegInnen, einen Teil der kleinen Feier zu gestalten. Bitten Sie auch den ausscheidenden Mitarbeiter, selbst einen kleinen Rückblick zu geben.

Ziele der Pensionierungsfeier

Der Mitarbeiter soll

- Dank für seine Tätigkeit und Lob für seine Stärken erfahren,
- in einem kleinen Rückblick an seine Geschichte im Betrieb erinnert werden,
- Lob und Dank aus Kollegenkreisen erfahren,
- selbst Gelegenheit zum Rückblick und zum Dank haben.

Bausteine

Gesprächsbaustein	Hinweise
Frau Gelb, nach 17 arbeitsreichen Jahren als Pförtnerin verlassen Sie unser Unternehmen. Sie haben tatkräftig beim Aufbau mitgeholfen.	Die eigentliche Kernansprache sollte nicht lang sein, dafür gut vorbereitet und prägnant.
Wir haben Ihnen in vielfacher Hinsicht zu danken: Sie waren	Lange Ansprachen langweilen, kurze, positive und prägnante kleine

kompetent, unermüdlich und vor allem immer freundlich. Sie haben den ersten Eindruck der Besucher immer positiv gestaltet. Ein Mitarbeiter hat es einmal auf den Punkt gebracht: »Unser Sonnenschein an der Pforte.«	Reden bleiben der betreffenden Mitarbeiterin noch lange im Gedächtnis.
Wir wissen, dass Sie jetzt viel Zeit in Ihrem Garten verbringen, mit Ihren Enkeln spielen und häufig Urlaub in Mallorca machen werden. Darum beneidet Sie sicher so mancher hier.	Sie machen deutlich, dass Sie sich für die Person interessieren und es Ihnen nicht gleichgültig ist, wie der Alltag nach dem Arbeitsleben aussehen wird.
Bei Urlaub und Krankheit Ihrer Nachfolgerin werden Sie manchmal stundenweise an der Pforte aushelfen. Darüber freue ich mich sehr.	Zeigen Sie weitere mögliche Verbindungen zum Unternehmen auf.
Von mir noch einmal: Herzlichen Dank und alles Gute! Ich möchte jetzt das Wort an Ihre KollegInnen geben.	Geben Sie das Wort an die KollegInnen, die Sie bereits informiert haben.
Was ist Ihnen selbst heute wichtig zu sagen, Frau Gelb? Vor allem, was werden Sie vermissen, wenn Sie nicht mehr bei uns sind?	Mit der letzten Frage geben Sie einen Anreiz, den Rückblick positiv zu gestalten.

☛ Mögliche Fallstricke

Auch wenn Ihr Mitarbeiter ein humorvoller Mensch ist, der gerne über sich selbst lacht: Unterlassen Sie alle sarkastisch-witzigen Bemerkungen, Erinnerungen an peinliche Ereignisse oder herabsetzende Spitznamen. Kurz: machen Sie nicht auf Kosten des Mitarbeiters gute Stimmung!

Probezeitgespräch

Grundlagen

Die Probezeit ist eine Testphase für Unternehmen und Mitarbeiter. Beide entscheiden, ob das Arbeitsverhältnis fortgesetzt wird. Begleiten Sie die Probezeit mit einem Einarbeitungsplan und einem Einarbeitungsgespräch.

Sorgen Sie für genügend Möglichkeiten für zeitnahes, konstruktives und kritisches Feedback. Schaffen Sie Chancen, Eignung oder Nichteignung des Neuen festzustellen. Führen Sie ab der dritten Woche ein Probezeitgespräch.

Scheuen Sie sich nicht, deutliche Zielvorgaben zu machen und rechtzeitig auf die Gefährdung der Probezeit hinzuweisen, wenn Sie unzufrieden sind.

Ziele des Gesprächs

Das Gespräch soll

- Ressourcen des Mitarbeiters deutlich machen und verstärken,
- Rückmeldung und Besprechung von ersten Arbeitsergebnissen ermöglichen.

Bei Gefährdung der Probezeit erfolgt im Gespräch

- eine klare Mitteilung über den derzeitigen Sachstand,
- eine klare Benennung der Voraussetzungen für das Bestehen der Probezeit,
- eine Entwicklung von Veränderungsideen.

Gesprächsbausteine

Gesprächsbaustein	Hinweise
Herr Orange, ich habe schon von Herrn X gehört, wie gut (schnell) Sie ...	Loben Sie mindestens eine Fähigkeit, eine Eigenschaft oder ein Arbeitsergebnis.
Was gelingt Ihnen sonst bereits gut hier in unserer Firma?	Der Einarbeitungsplan schafft hier eine gute Orientierung.
Welche Rückmeldungen hat Ihnen Herr X, haben Ihnen Ihre Kollegen gegeben?	Diese Frage ermuntert, vielfältiges Feedback einzuholen.

Mir gefällt, wie ...! Machen Sie doch weiterhin .../noch mehr ...! Probieren Sie ruhig ...!	Geben Sie Impulse zum Weiterlernen, Ausprobieren und zu Veränderungen.
Was kann hier bei Ihrer Probezeit so bleiben, was brauchen Sie noch für die Einarbeitung?	Nehmen Sie Anregungen auf und bieten Sie Unterstützung an.
(Wenn Probezeit gefährdet:)	*Sprechen Sie kritische Punkte früh an!*
Herr Blass, Sie sind jetzt in der Probezeit. Wie sehen Sie jetzt nach ... Wochen Ihre Aufgaben und Ihre Arbeit im Unternehmen?	Überprüfen Sie mit Hilfe der Stellen- und Funktionsbeschreibungen und durch konkretisierende Fragen, ob Aufgaben, Leistungsstandards und Erwartungen erfüllt und dem Mitarbeiter klar sind.
Ich habe Zweifel, ob wir Sie am Ende der Probezeit fest einstellen. Ihre Probezeit ist derzeit gefährdet, weil ...	Nennen Sie hier konkrete Beispiele und Fakten.
Wie schätzen Sie, wie sehen Ihre Leistungen und Arbeitsergebnisse am Ende der Probezeit aus? Was macht Sie zuversichtlich, unseren Anforderungen demnächst zu entsprechen? Was können Sie ab jetzt ausprobieren/ändern, um in Zukunft ...? Was können wir tun? Was packen Sie zuerst an?	Beschreiben auch Sie konkret, welche Verbesserungen Sie erwarten. Beschreiben Sie, woran Sie, die Kollegen, die Kunden usw. merken würden: Herr Blass ist der Richtige für diese Stelle. Ermutigen Sie Ihren Mitarbeiter, möglichst viel Feedback einzuholen.
Herr Blass, ich würde mich freuen, wenn Sie das Ruder herumreißen. Ich wünsche Ihnen, dass Sie die Probezeit nutzen können.	Bleiben Sie bis zum Ende des Gesprächs klar und deutlich.

☛ Mögliche Fallstricke

Die wichtigsten Fallstricke in der Probezeit sind:
Rückmeldegespräche werden häufig zu spät geführt. So fehlt guten Mitarbeiterinnen und Mitarbeitern eine sichere Orientierung und schwachen eine frühe Möglichkeit zur Korrektur.
Zuviel Schonung und Geduld am Anfang (»Das wird sich schon geben!«) schaden. Hüten Sie sich aber auch vor überzogenen Erwartungen, unterschätzen Sie nicht die Informationsfülle und Komplexität, die Ihr neuer Mitarbeiter verarbeiten muss.

Rückkehrgespräch

Grundlagen

Für Mitarbeiter, die nach längerer Zeit ihre Arbeit wieder aufnehmen, symbolisiert ein Rückkehrgespräch einen Neuanfang. Insbesondere wenn ein Mitarbeiter länger erkrankt war oder aus einer Kur zurückkehrt, ist es wichtig, zu hören, was seine Gesundheit stabilisieren würde.

Rückkehrgespräche nach Erziehungsurlaub, Auslandseinsätzen, zeitweiser Versetzung an einen anderen Ort dienen dazu, der Mitarbeiterin oder dem Mitarbeiter deutlich zu machen, dass er oder sie nicht Entwicklungen »verpasst«, sondern Kompetenzen dazugewonnen hat. Lösungsorientiert gedacht, geschieht Veränderung immer, lernen Mitarbeiterinnen und Mitarbeiter bei anderen Anforderungen immer etwas dazu, was auch dem Betrieb nutzen kann.

Ziele des Gesprächs

Ihr Mitarbeiter soll im Gespräch

- seine neuen Erfahrungen reflektieren und
- Anregungen für den Neuanfang entwickeln.

Gesprächsbausteine

Gesprächsbaustein	Hinweise
Herr Grau, ich freue mich, dass Sie wieder zurück sind. Wie geht es Ihnen jetzt?	Hören Sie aufmerksam zu, was Ihr Mitarbeiter erzählt. Lassen Sie ihn ausreden und achten Sie auf Signale bzgl. seiner Arbeit – oder auf Befürchtungen. Das sind Botschaften an Sie!
Wann immer wir eine Zeit lang aus dem Betriebsalltag weg sind, wie beispielsweise bei Ihrer Kur, lernen wir dazu oder entwickeln uns weiter. Was haben Sie in dieser Zeit für sich erfahren, das für Ihre Arbeit hier nützlich ist?	Unterstellen Sie, dass Ihr Mitarbeiter etwas gelernt oder erfahren hat, was auch für den Betrieb nützlich ist. Potenziale, die Sie schätzen, wird Ihr Mitarbeiter auch ins Unternehmen einbringen.

Worauf freuen Sie sich am meisten bei Ihrer Arbeit?	Auch diese Frage kann ein kleiner Motivationsanker sein. Gerade wenn ein Mitarbeiter unsicher ist oder auch Ängste hat.
Was haben Sie geplant, um sich einen Wiedereinstieg hier zu erleichtern?	Fragen Sie zunächst nach den eigenen Aktivitäten.
Welche Unterstützung brauchen Sie von mir oder Ihren KollegInnen, damit Sie rasch in bewährter Weise wieder die Druckerei übernehmen können?	Unterstützen Sie alle Aktivitäten, um Ihren Mitarbeiter leistungsfähig zu machen. Fördern Sie Eigenaktivitäten und beziehen Sie seine veränderte Ausgangsposition mit ein.
Gibt es etwas, was wir jetzt nach Ihrer Rückkehr verändern sollten? Welche Vorteile bringt das?	Überprüfen Sie in Ruhe, welche Vorschläge Sie annehmen können.
Herr Grau, wir haben Sie vermisst. Ich bin zuversichtlich, dass Sie bald einen Überblick über den aktuellen Stand haben. Ich wünsche Ihnen einen guten Start!	So stärken Sie Ihren Mitarbeiter noch einmal für den Neuanfang.

☛ Mögliche Fallstricke

Überfallen Sie die Mitarbeiterin, den Mitarbeiter nicht mit Informationen, was sich alles verändert hat. Das überfordert die Betreffenden.
Auch wenn es während der Abwesenheit eine hervorragende Vertretung gab: Schüren Sie nicht Konkurrenzverhalten durch überschwängliches Lob. Das verunsichert nur.

Stellenbeschreibung

Grundlagen

Klare schriftliche Stellenbeschreibungen haben viele **Vorteile**:

- Ihrer Mitarbeiterin ist ganz klar, was von ihr erwartet wird und was sie von anderen Mitarbeiterinnen und Mitarbeitern erwarten kann.
- Auf der Grundlage der Stellenbeschreibung ist klar, wofür die Mitarbeiterin zuständig ist und welche Aufgaben woanders erledigt werden.
- Sie haben als Führungskraft eine handfeste Grundlage für positives Feedback und Kritikgespräche sowie eine gute Orientierung für neu eingestellte Mitarbeiterinnen und Mitarbeiter.

Eine zu enge Stellenbeschreibung kann auch **Nachteile** haben:

- Wenn Sie durch Zielvereinbarungen führen wollen, sind die Ziele klar und Ihre Mitarbeiterin entscheidet selbstständig, wie diese zu erreichen sind.
- Eine zu enge Stellenbeschreibung schränkt hier unter Umständen die Kreativität und den Einfallsreichtum Ihrer Mitarbeiterin ein.

Beteiligen Sie die Mitarbeiterin im Stellenbeschreibungsgespräch an der Beschreibung ihrer persönlichen Stelle. Geben Sie ihr eine Kopie der folgenden Bausteine mit der Bitte, Vorschläge zu den einzelnen Positionen zu entwickeln. Besprechen Sie diese gemeinsam und ergänzen Sie Ihre Vorstellungen.
So ergeben sich gute Gelegenheiten, Missverständnisse und unterschiedliche Auffassungen zu klären. Ermutigen Sie Ihre Mitarbeiterin, abweichende Vorstellungen zu erläutern.

Ziele des Gesprächs

Ihre Mitarbeiterin soll

- Vorstellungen zur Beschreibung ihrer Stelle vorbereiten und ins Gespräch einbringen,
- Ihre Vorstellungen als Führungskraft dazu kennen lernen und mit Ihnen diskutieren,
- am Ende des Gespräches mit Ihnen einen Konsens finden.

Bausteine zur Stellenbeschreibung

Gesprächsbaustein	
Wofür ist die Stelle in der Abteilung und in der Gesamtorganisation wichtig?	
Was sind die Kernaufgaben der Stelle?	
Was sind wünschenswerte zusätzliche Initiativen?	
Was können die anderen Mitarbeiterinnen und Mitarbeiter und Führungskräfte von dieser Stelle erwarten?	
Was kann der Stelleninhaber von den anderen Mitarbeiterinnen und Mitarbeitern und von den Führungskräften erwarten?	

☛ Mögliche Fallstricke

Fassen Sie die Stellenbeschreibung nicht zu eng und achten Sie darauf, dass Handlungsspielraum und Wahlmöglichkeiten gegeben werden. Ein Beispiel:

zu eng: »Sie leitet um 10 Uhr eingegangene E-Mails und Faxe weiter.«

günstiger: »Sie sorgt für die zügige Verteilung von Nachrichten in der Abteilung.«

Stellenbeschreibung im Team

Grundlagen

Auch in Teams, die gemeinsam an einem Ziel, einer Aufgabe arbeiten, haben in der Regel nicht alle die gleiche Funktion und Berufsrolle. Auch in offenen Projektteams gibt es z. B. die Teamleitung, das Sekretariat, PraktikantInnen oder Auszubildende.

Viele Missverständnisse, Unzufriedenheit und mangelnde Motivation in Teams entstehen durch eine mangelhafte Klärung, wann ein Teammitglied in einer bestimmten Position seinen Job richtig tut und wann nicht. Häufig entstehen auch Missverständnisse dadurch, dass jeder Einzelne davon ausgeht, dass er seine Arbeit gut erledigt, und sich wundert, warum andere das nicht tun.

Sich über die aktuelle Verteilung von Aufgaben zu unterhalten bringt Offenheit und Kommunikation ins Team. Seien Sie mutig und fertigen Sie mit dem Team auch eine Stellenbeschreibung für **Ihre** Stelle an.

Falls Sie eine Aufgabenklärung angehen möchten, probieren Sie das nachstehende Modell aus, das pro Stelle etwa zwei bis drei Stunden Zeit in Anspruch nimmt:

Ziele der Stellenbeschreibung im Team

Das Gesamtteam soll

- die Bausteinfragen in Kleingruppen bearbeiten (die aktuellen InhaberInnen dieser Stelle arbeiten in einer eigenen Kleingruppe genauso),
- die Ergebnisse im Plenum diskutieren,
- die jetzigen StelleninhaberInnen ehrlich loben und
- im Konsens eine Stellenbeschreibung erstellen.

Bausteine der Stellenbeschreibung im Team

Gesprächsbaustein

Wofür ist diese Stelle im Team und der Gesamtorganisation wichtig?

Was sind die Kernaufgaben der Stelle?

Was sind wünschenswerte zusätzliche Initiativen?	
Was können die anderen Teammitglieder von dieser Stelle erwarten?	
Was können die StelleninhaberInnen von den anderen Teammitgliedern erwarten?	
Ein ehrliches Lob: Was macht die Kollegin X auf dieser Stelle gut? (bzw.: Was machen die KollegInnen X und Y auf dieser Stelle gut?)	

☛ Mögliche Fallstricke

Beißen Sie sich in der Besprechung nicht an strittigen oder ungeklärten Punkten fest. Betonen Sie, was **übereinstimmend** entwickelt wurde. Halten Sie Ungeklärtes in einer eigenen Rubrik fest.

Unangenehme Entscheidungen von oben

Grundlagen

Als Führungskraft haben Sie oft die Aufgabe, Entscheidungen, die an anderer Stelle in der Organisation getroffen werden, zu kommunizieren und innerhalb des Unternehmens mit den Mitarbeiterinnen und Mitarbeitern umzusetzen.

Nicht immer sind diese Entscheidungen sinnvoll und angemessen. Nicht immer stoßen sie auf Begeisterung und breite Anerkennung. Wenn Sie selbst die Grenzen und Möglichkeiten Ihres Handlungsspielraums kennen und akzeptieren, fällt es Ihnen leichter, unangenehme Entscheidungen nach außen zu vertreten und durchzusetzen.

Unangenehme Entscheidungen bleiben unangenehm. Da gibt es nichts zu beschönigen.

Falls übergeordnete Entscheidungen (Politik, Administration) Ursachen für die Entscheidung waren, ermuntern Sie Ihre Mitarbeiterinnen und Mitarbeiter durchaus, ihre Kritik gegenüber diesen Stellen auch selbstständig zu formulieren.

Ziele des Gesprächs

Am Ende des Gesprächs haben die Mitarbeiterinnen und Mitarbeiter

- Kenntnis über die unangenehme Entscheidung von oben,
- verstanden, dass Sie an dieser Entscheidung nichts verändern können und werden,
- Gelegenheit gehabt, Dampf abzulassen und Unmut auszudrücken,
- verstanden, dass Sie ihnen zutrauen, mit dieser Entscheidung klarzukommen.

Gesprächsbausteine

Gesprächsbaustein	Hinweise
Kommen Sie herein, Frau Silber. Ich möchte Ihnen kurz sagen, dass die Geschäftsführung bezüglich der Aufstockung der Pflegekräfte entschieden hat, keine zusätzlichen Kräfte einzustellen.	Machen Sie kurz und knapp den Sachverhalt deutlich. Lassen Sie Ihrer Mitarbeiterin Zeit, diese Information zu verarbeiten, Enttäuschung oder Ärger zu äußern.

Ich kann nachvollziehen, dass Sie diese Entscheidung auch für unsere Patienten unangemessen finden, aber Fakt ist ...	Vermeiden Sie Diskussionen um Richtig oder Falsch, Sinnvoll oder Unsinnig usw. Betonen Sie, dass es Ihnen darum geht, die Entscheidung schlicht mitzuteilen und das Beste daraus zu machen.
Ich kann diese Entscheidung nicht verändern und meine Aufgabe ist es, dafür zu sorgen, dass Sie die Pflege auch mit den derzeitigen Kräften gewährleisten.	Schätzen Sie ab, ob der Unmut der MitarbeiterInnen abgeebbt ist. Wenn ja, können Sie in der Folge im Gespräch erste Lösungsschritte verfolgen. Wenn nein, beenden Sie das Gespräch an dieser Stelle mit einem kurzen Dank. Setzen Sie das Gespräch später fort.
Mein Wunsch ist es, mit Ihnen gemeinsam zu überlegen, was Sie und ich tun können, um Ihnen Ihre Aufgabe leichter zu machen.	Machen Sie deutlich, dass es bei dieser Entscheidung bleibt, dass Sie aber nach einer für alle Seiten optimalen Umsetzung suchen.
Welche Ideen haben Sie dazu? Was wäre noch möglich/erfolgreich?	Hören Sie aufmerksam zu, nicken Sie, aber kommentieren Sie die Lösungen noch nicht.
Mir gefallen einige Ihrer Vorschläge sehr gut: ...	Bestärken Sie die Lösungssuche Ihrer MitarbeiterInnen, machen Sie Komplimente zu besonders gelungenen Vorschlägen.
Frau Silber, ich bin zuversichtlich, dass wir auch mit dieser Situation klarkommen. Danke für dieses Gespräch.	Transportieren Sie Ihre Zuversicht, dass Ihre MitarbeiterInnen und Sie die Situation lösen.

☛ Mögliche Fallstricke

Fühlen Sie sich nicht verantwortlich für die Entscheidung. Sie sind nur der Botschafter, der diese Entscheidung übermitteln und umsetzen muss. Unangenehme Reaktionen auszuhalten gehört mit zu Ihrer Arbeit; dafür werden Sie **auch** bezahlt.

Versetzungsgespräch

Grundlagen

Wenn Sie einen Mitarbeiter aus betrieblichen oder verhaltensbedingten Gründen versetzen müssen oder wollen, ist das in der Regel für den Mitarbeiter ärgerlich, besonders, wenn er seine momentane Tätigkeit gern verrichtet.

Sie sollten im Gespräch Verständnis für diese schwierige Situation zeigen. Günstig ist es, Ihre Mitarbeiterinnen und Mitarbeiter bei betrieblichen Umstrukturierungen bereits im Vorfeld zu informieren.

Machen Sie im Gespräch deutlich, welche Gründe Sie zu dieser Entscheidung bewogen haben, und geben Sie, wenn es irgend geht, Wahlmöglichkeiten. So ist Ihr Mitarbeiter nicht nur passiver Empfänger einer Anweisung.

Zeigen Sie mögliche positive Auswirkungen der Versetzung auf, aber erwarten Sie nicht sofort freudige Zustimmung.

Ziele des Gesprächs

Ihre Mitarbeiterin soll im Gespräch

- ihre Versetzung mitgeteilt bekommen,
- die Gründe dafür erfahren,
- rechtliche Hinweise bekommen,
- mindestens eine Wahlmöglichkeit erhalten,
- mögliche Vorteile der Versetzung erfahren.

Gesprächsbausteine

Gesprächsbaustein	Hinweise
Frau Braun, wir haben uns nach langen Diskussionen entschlossen, die Filiale an der Kölner Straße zu schließen. Ich muss Sie also in einer unserer anderen Filialen einsetzen.	Geben Sie Ihrer Mitarbeiterin Zeit, diese Mitteilung zu verdauen, und hören Sie mit ernsthaftem Interesse zu, wenn Ihre Mitarbeiterin ärgerlich und frustriert reagiert.

Ich kann mir gut vorstellen, was für Umstellungen damit für Sie verbunden sind. Was ist das Unangenehmste an einem solchen Wechsel?	Zeigen Sie Interesse für die ganz individuellen tatsächlichen und vermuteten Nachteile der Versetzung. Vielleicht können Missverständnisse ausgeräumt werden.
Ihr Arbeitsvertrag sieht ausdrücklich die Möglichkeit einer Versetzung vor. Wenden Sie sich aber gerne in dieser Angelegenheit an den Betriebsrat.	Die rechtliche Belehrung zeigt, dass Sie bemüht sind, auf der Grundlage geltenden Rechts und nicht willkürlich vorzugehen.
Ich kann Ihnen entweder eine Stelle in der Filiale Bonnstraße oder in der Leipziger Straße anbieten. Vielleicht sehen Sie sich die Filialen einmal an und unterhalten sich dort mit den KollegInnen. Teilen Sie mir dann Ihre Entscheidung mit.	Die Wahlmöglichkeiten ermöglichen der Mitarbeiterin eine aktivere Beteiligung am Prozess.
Frau Braun, für Ihre weitere Laufbahn in der Firma ist das Kennenlernen verschiedener Filialen nicht schlecht und für Leitungskräfte sogar ein Muss. Sie sind eine unserer besten Verkäuferinnen und vielleicht einmal Leitungskraft. Sie qualifizieren sich durch einen solchen Wechsel weiter.	Zeigen Sie Chancen durch die Versetzung auf, aber wecken Sie nur Erwartungen, die aus Ihrer Sicht auch realistisch sind!

☛ Mögliche Fallstricke

§ Versetzungen sind nur unter bestimmten rechtlichen Voraussetzungen möglich. Häufig sind Änderungskündigungen notwendig. Holen Sie sich dazu rechtlichen Rat ein.

Vertretung von Kollegen

Grundlagen

In der Regel ist heute die Produktivität der einzelnen Arbeitskraft recht hoch. Das bedeutet, dass bei Krankheit, Fortbildung und anderen Abwesenheiten eine hoch produktive Kraft von einem Kollegen vertreten wird, der selbst ein intensives Arbeitspensum zu erledigen hat. Das kann auch Mitarbeiterinnen und Mitarbeiter demotivieren, die sonst zufrieden und kompetent ihrer eigenen Arbeit nachgehen.

Günstig ist es, Vertretungen nicht nur dem Stammpersonal zu überlassen und für Vertretungen einen festen Stamm von Aushilfen bereitzuhalten. Neben Zeitarbeitsfirmen und studentischen Aushilfen sind es vor allem fachkundige pensionierte Mitarbeiterinnen und Mitarbeiter, die gerne eine Vertretung übernehmen.

Wenn eine Mitarbeiterin eine Vertretung übernimmt, sollten Sie in einem Gespräch vor, während und nach der Vertretungszeit Ihren Dank ausdrücken. Würdigen Sie die fachliche Kompetenz, einen weiteren Bereich zu vertreten, und fragen Sie nach, was Ihre Mitarbeiterin braucht, um die Vertretung leisten zu können.

Belohnen Sie Vertretungen: Ist einer Ihrer Mitarbeiter länger als sechs Wochen arbeitsunfähig, fallen für die weitere Ausfallzeit Lohnkosten für Ihr Unternehmen weg. Gründen Sie mit diesen Geldmitteln einen Fonds, aus dem Sie Anerkennungsgeschenke (z. B. Restaurant-Gutscheine, Theaterkarten, Städte-Reisen) und Überstundenvergütungen für die vertretenden Kräfte bestreiten können.

Ziele des Gesprächs

Ihr Mitarbeiter soll im Gespräch

- Ihre Anerkennung für die Bereitschaft und die fachlichen Kompetenzen erfahren,
- genaue Vorstellungen über den Rahmen und die zeitliche Begrenzung der Vertretung erfahren,
- Gelegenheit bekommen, seine eigene Meinung zur Vertretung darzustellen, und
- darlegen, was er für die Vertretungszeit benötigt.

Gesprächsbausteine

Gesprächsbaustein	Hinweise
Herr Rot, Ihre Kollegin hat heute angerufen. Sie hat einen komplizierten Knöchelbruch und wird in den nächsten Wochen nicht arbeiten können. Ich möchte Sie bitten, zunächst die Vertretung zu übernehmen. Wie könnten Sie das ermöglichen?	Deuten Sie Ärger und Widerspruch Ihres Mitarbeiters nicht als mangelhafte Kooperation, sondern nehmen Sie sie als wichtige Information zur Arbeitsbelastung.
Vertretungen sind immer unangenehm. Mir ist bewusst, dass in dieser Zeit keiner der beiden Arbeitsplätze richtig ausgefüllt werden kann. Um so mehr danke ich Ihnen für Ihre Bereitschaft.	Zeigen Sie deutlich, dass Sie Vertretungen nicht für selbstverständlich halten.
Meine Linie lautet, dass kein Kollege mehr als sechs Wochen im Jahr mit Vertretungen belastet wird. Falls Ihre Kollegin länger ausfällt, werde ich eine Aushilfe suchen.	Falls Sie es noch nicht in Stellenbeschreibungen oder betrieblichen Vereinbarungen getan haben: Geben Sie eine Obergrenze für Vertretungszeiten an.
Was brauchen Sie von uns, um diese Vertretung so leisten zu können, dass Sie zufrieden sind?	Kommen Sie den Wünschen Ihres Mitarbeiters hier so weit wie möglich entgegen.
Herr Rot, Sie haben in den letzten drei Wochen Ihre Kollegin vertreten. Ich möchte Ihnen dafür meinen Dank und meine Anerkennung für Ihre Kollegialität und Ihre fachliche Kompetenz aussprechen.	Vergessen Sie auf keinen Fall nach der Vertretungszeit, Ihre Anerkennung und Ihren Dank auszusprechen.

☛ Mögliche Fallstricke

Für flexible und kreative Mitarbeiterinnen und Mitarbeiter mögen gelegentliche Vertretungen kein Problem sein. Für gewissenhafte und sehr strukturierte Mitarbeiterinnen und Mitarbeiter bedeuten Vertretungen eine Qual und machen auf Dauer unzufrieden!

Zielvereinbarungsgespräch

Grundlagen

Im Zielvereinbarungsgespräch handeln Vorgesetzte und Mitarbeiter gemeinsam aus, was in der Zukunft erreicht werden soll. Beiderseitiges Einverständnis und Akzeptanz der Ziele ist notwendig. Beide sind Partner.

Zielvereinbarungen können ein systematisches Führungs- und Personalentwicklungsinstrument sein (z. B. als regelmäßige jährliche Gespräche über Betriebsziele mit allen in der Hierarchie beteiligten Mitarbeitenden). Sie bauen auf eine hohe eigene Aktivität der Mitarbeiter.

Thematisch können Arbeitsaufgaben, Arbeitsumfeld, Zusammenarbeit im Team und mit den Vorgesetzten sowie die persönliche und berufliche Entwicklung des Mitarbeiters im Mittelpunkt stehen. Sinnvoll ist es, Projekt-, Qualitäts- und innovative Ziele in den Blick zu nehmen und nicht Standard- oder Routineziele.

Wichtige Grundlage für ein Zielvereinbarungsgespräch ist, dass sich beide Seiten auf das Gespräch vorbereiten und die Gesprächsthemen vorher festlegen. Das kann auch durch ein allgemeines Vorbereitungsraster geschehen.

Zielvereinbarungen sollten schriftlich festgehalten werden und vertraulich gehandhabt werden.

Ziele im Gespräch

Im Gespräch mit der Mitarbeiterin sollte besprochen und vereinbart werden,

- welche Dinge in der Vergangenheit gut waren und was verändert werden soll,
- welche Ziele bis wann erreicht werden sollen,
- wie gemessen wird oder woran zu merken ist, dass vereinbarte Ziele erreicht sind.

Gesprächsbausteine

Gesprächsbaustein	Hinweise
Frau Gelb, ich freue mich, für das letzte Jahr eine Erfolgsbilanz mit Ihnen zu ziehen und Ziele für die Zukunft zu entwickeln.	Die lösungsorientierte Mitarbeiterführung konzentriert sich auf die Erfolge. Ziehen Sie positiv Bilanz in verschiedenen Bereichen.
Ihre besonderen Leistungen waren ... Durch Ihre Mitwirkung	Geben Sie Ihrer Mitarbeiterin Zeit, sich über das Lob zu freuen.

ist es gelungen, ... In der Zusammenarbeit mit den Kollegen ...	
Was ist in Ihren Augen erfolgreich gewesen? Was ist besser geworden? Wo haben Sie Neues gelernt oder ausprobiert?	Unterstützen Sie Ihre Mitarbeiterin bei der Bestandsaufnahme durch anerkennende Kommentare.
Uns allen fällt manches leicht, anderes ist eine Herausforderung. Was möchten Sie in Zukunft leichter angehen oder neu anpacken?	Beachten Sie, welche Entwicklungsmöglichkeiten Ihre Mitarbeiterin sieht. Stellen Sie Fragen, die Eigenaktivität in den Mittelpunkt stellen.
In unserem Unternehmen ist für die nächste Zukunft geplant, ...	Setzen Sie den äußeren Rahmen für Zielvereinbarungen. Teilen Sie mit, welche Entwicklung gewünscht wird.
Was möchten Sie dazu beitragen? Welche Ideen haben Sie für ...? Wie kann ich Sie dabei unterstützen?	Machen Sie sich Stichworte oder visualisieren Sie die Ideen zu Veränderung, denn daraus werden später gemeinsame Zielformulierungen oder Einzelmaßnahmen.
Ich selbst habe für die Zukunft folgende Ideen: Meinen Beitrag sehe ich darin, ... Mein Interesse ist, dass Sie ...	Bereiten Sie auch Ihre Zielvorstellungen schriftlich vor und finden Sie mit Ihrer Mitarbeiterin zuerst die Gemeinsamkeiten sowie einfache Übereinkünfte heraus.
Unsere ersten gemeinsamen Ziele sind ...	Machen Sie daraus eine Zielformulierung, mit Termin und Messkriterien für den Erfolg.

☛ Mögliche Fallstricke

Zielformulierungen sind unbrauchbar, wenn sie nicht S.M.A.R.T. sind:
S = spezifisch, M = messbar, A = für alle akzeptabel, R = realistisch, T = terminiert.
Die beste Zielvereinbarung nützt nichts, wenn Sie keine Termine und Zwischentermine ausmachen und diese auch einhalten!

Zum Abschluss

Wir freuen uns über Rückmeldungen zu Ihren Praxiserfahrungen mit unserem Buch. Wenn Sie Fragen an uns haben, an einem lösungsorientierten Führungstraining teilnehmen wollen oder lösungsorientierte BeraterInnen und Coachs suchen, wenden Sie sich an:

Birgit Billen
wdoeff training & beratung
Estermannstraße 204
D-53117 Bonn
Tel. +49-(0)228/67 46 63
E-Mail: wdoeff@t-online.de
http://www.wdoeff.de/

Prof. Dr. Lilo Schmitz
FHD/FB 5
University of Applied Sciences
Universitätsstraße 1/24.21
D-40225 Düsseldorf
E-Mail:
schmitli@uni-duesseldorf.de
http://www.fh-duesseldorf.de/